DIE GEHEIMEN GÄRTEN VENEDIGS

DIE GEHEIMEN GÄRTEN VENEDIGS

FOTOS
Gianni Berengo Gardin

TEXTE
Cristiana Moldi-Ravenna und
Teodora Sammartini

VORWORT: VITTORIO FAGONE
AUS DEM ITALIENISCHEN VON ULRICH KEYL

EUGEN DIEDERICHS VERLAG

Die Originalausgabe erschien unter dem
Titel *Giardini Segreti a Venezia* bei
Arsenale Editrice, Venedig
© Arsenale Editrice 1988

Die Deutsche Bibliothek – CIP-Einheitsaufnahme
Die geheimen Gärten Venedigs / Fotos Gianni Berengo Gardin.
Texte Cristiana Moldi-Ravenna und Teodora Sammartini.
Vorw.: Vittorio Fagone. Aus dem Ital. von Ulrich Keyl.
– 2. Aufl. – München: Diederichs, 1995
    Einheitssacht.: Giardini segreti a Venezia <dt.>
    ISBN 3-424-00992-X
Ne: Moldi-Ravenna, Cristiana; Gardin, Gianni Berengo; EST

Zweite Auflage 1995
© der deutschsprachigen Ausgabe Eugen Diederichs Verlag, München 1989
Alle Rechte vorbehalten

Umschlaggestaltung: Zembsch' Werkstatt, München
Produktion: Tillmann Roeder, München
Satz: Uhl + Massopust, Aalen

ISBN 3-424-00992-X

Printed in Italy by E.B.S., Verona

INHALT

»Ich bin mir darüber im klaren, daß Venedigs
Gärten eine ganze Seite für sich nötig hätten. Sie
sind unendlich viel zahlreicher, als es sich ein
Fremder bei seiner Ankunft vorstellen kann. Einige
sind entzückend, viele sind groß, und auch die
kleinsten haben einen künstlerischen Sinn bei der
sorgfältigen Wahl der Farben, wobei das Wasser die
Grundmauern bespült.«
(Henry James, *Italian Hours*, S. 43)

Seit mindestens fünfzehn Jahren begegne ich zweimal im Jahr dem Kunsthistoriker R.B. aus Lausanne, der ein Beispiel für die Möglichkeit gegeben hat, aus einem Museum einen lebendigen Ort der Kommunikation zu machen, und der sich heute mit all seiner Kompetenz Fragen über die Zukunft der Kunst in einer Kultur stellt, die von der Technologie gekennzeichnet ist.

Die Orte dieser Begegnungen sind häufiger Locarno und das Tessin, aber auch Argentinien, Kanada, Paris, New York und natürlich Venedig. Der Anlaß ist immer derselbe. Irgend jemand fragt sich, fragt uns: Wird die Kunst in dem schon fortgeschrittenen technischen Zeitalter eine Zukunft haben? Wird die große darstellende Kultur des Westens die neuen synthetischen Darstellungen »humanisieren« können, die sich zwischen Elektronik und Informatik gebildet haben?

R.B. und ich sind keine Pessimisten. Wir reisen in der Welt herum und versuchen, auf dem ein oder anderen Monitor nicht nur ein leuchtendes, schwankendes, ein Bild eben wie jedes elektronische Bild zu entdecken, sondern ein starkes Bild, das in der Lage ist, sich schöpferisch zwischen die Vergangenheit und die Zukunft unserer Ikonen zu stellen. Die geduldige Suche danach kann erfolgreich sein.

Ich habe eine genaue Erinnerung an diese Begegnungen. R.B. ist ein Gesprächspartner von der Klarheit eines Descartes und dem kritischen Geist eines Voltaire.

Er beschäftigt sich mit den aktuellsten Fragen, doch seine Freundlichkeit und das Fehlen düsterer Pedanterie lassen ihn noch als einen *wissenden* Edelmann des achtzehnten Jahrhunderts erscheinen.

Die Erinnerung an eine dieser zufälligen Begegnungen vor ein paar Jahren, die in einem einzigartigen Rahmen stattfand, ist gleichzeitig klar und doch weit zurückliegend. An einem heißen Augusttag waren wir in kleinen Gruppen aus halb Europa in Venedig in einem abgelegenen Hotel zwischen Madonna dell'Orto und dem Ospedale angekommen, das viele von uns nicht kannten. Der Salon des Hotels, der eine hohe, gewölbte Decke hatte, ging in einen Garten über, dessen Bäume sich gleich jenseits eines weiten Platzes und einer Begrenzung künstlicher, kleiner alter Berge klar abzeichneten. Auf dem von den Lichtern des Hauses im Hintergrund erhellten Platz lief die Unterhaltung zwischen den Tischen hin und her. Dabei waren Worte, Stimmen, Sprachen und Tonfall deutlicher und klarer als die Gesichtszüge. Und die Worte schienen sich in leichten, konzentrischen Kreisen mit dem Geheimnis des kleinen Gartens zu verknüpfen. Die Bäume waren doppelt bis dreimal so hoch wie die kleinen Berge, auf denen die Wurzeln, kaum merklich gewunden, in der Erde einsanken und wieder zum Vorschein kamen. R.B. dominierte die Unterhaltung, die anderen nahmen ohne wahrnehmbare Gesten teil: durch Einwürfe, argumentierende Erklärungen, rasche und beharrliche Zustimmung. Auch ich beteiligte mich in der Dunkelheit des venezianischen Gartens mit dem deutlichen Gefühl am Gespräch, daß es wie ein paralleles und nunmehr unmögliches Spiel in Form eines Rituals war. Tags darauf erforschten wir den Garten: Weiträumig konzipiert, ließ der Entwurf einen zweifachen Kunstgriff erkennen: die Berge und Pfade und der palladianische Bau an der Lagune, der verlassen und bloß dastand wie eine bestimmende, abgeschlossene Grenze.

Heute ist das Hotel von Madonna dell'Orto geschlossen. Es ist typisch für Venedig, daß die Vergangenheit auf unbestimmte Zeit leben oder mit einem Schlag in eine Unbeweglichkeit, die schon lange vorüber ist, stürzen kann.

Der Garten ist von neuem unbegehbar. In der Erinnerung jedoch unauslöschlich, Schatten und Stimme.

Diesem außerordentlichen Buch entnehme ich, daß der Patarol, der Garten des Hotels, einer der großen, prächtigen *verborgenen Gärten* Venedigs war. Er versammelte in seinen Mauern einhundertachtzig verschiedene Rosenarten, Bäume und Pflanzen von seltener, kostbarer Art. Dort verbrachte man zwischen künstlichen Bergen die Zeit mit anderen »geheimen« oder nur diskreten Spielen im geschlossenen Fragenkreis esoterischer Unterhaltung. Ein Garten in Venedig ist nicht nur ein anderer Ankerplatz für die Metamorphosen des Natürlichen, sondern er ist wie jeder andere begrenzte Ort Materialisation des geheimnisvollen, täglichen Theaters liebenswürdiger irdischer Unterhaltungen. Die Philosophen, die über die Faszination der von einem Bauwerk eingeschlossenen oder geschützten Gärten nachgedacht haben, fanden eine in vieler Hinsicht plausible Antwort: Der *verborgene Garten* kehrt die Beziehung Natur-Architektur um. Wenn Architektur von Natur umgeben ist, bringt sie in noch deutlicherer Weise ihren künstlichen Entwurf zur Geltung.

Die von der Architektur gebundene Natur fügt durch die Umkehrung dieser Situation, die sofort erfaßbar ist, dem natürlichen Schauspiel des Gartens den Zauber des Unerwarteten, des Wunderbaren und des Begrenztseins hinzu. Darüber hinaus bildet sie, so symmetrisch auch die Linienführung des Gartens sein mag, einen nicht symmetrischen Reflexionspunkt zur Architektur.

Hat diese Interpretation schon für jeden Ort, an dem Garten und Architektur aufeinanderstoßen, ihren eigenen Reiz, so ist sie in Venedig voll weiterer Elemente, die nicht übergangen werden können. Wer John Ruskins *Die Steine Venedigs* gelesen hat, der weiß, daß das verführerische Bild, das der englische Schriftsteller mit liebevoller Genauigkeit zeichnet, an das wunderbare und rettende Aufeinandertreffen von Stein und Wasser gebunden ist.

Durch die Gezeiten schützt das Wasser Venedig, es gibt ihm Leben in der kurzen Zeit der Mondzyklen wie über die Jahrhunderte hinweg. Für Ruskin sind die Gärten die Grenze dieser wunderbaren und unauflöslichen Vermischung von Stein und Wasser. Sie sind die Peripherie und das Anderswo, das gegenwärtig und entfernt ist. Die venezianische Natur, die der Schriftsteller mit Liebe hervorhebt, sind die schlammigen, flüssigen Tiefen der Kanäle, auf denen die Lastkähne lange, unbestimmte Spuren hinterlassen.

Für Henry James hingegen ist der venezianische Garten die natürliche Ergänzung der venezianischen Landschaft. Für die Autoren dieses Buches ist James' Hinweis wertvoll gewesen. Er hat gezeigt, wie wesentlich ein Rundgang durch die seltener besuchten Gärten der verwirrenden Lagunenwelt ist.

Gianni Berengo Gardin ist, wie alle wissen, ein Fotograf mit der Fähigkeit, sich dem Bild der italienischen Städte mit einem Auge zu nähern, das überraschende Erscheinungen und enthüllende Ansichten einzufangen vermag. Venedig ist ein Ort, den er wie vielleicht kein anderer italienischer Fotograf dieses Jahrhunderts erforscht hat: ohne Rhetorik, ohne Emphase, doch ohne je auf die Einzigartigkeit jener wunderbaren Verflechtung von Verzierungen und architektonischen Grundrissen, von Details und weitesten Ansichten zu verzichten, die Sinn und Zeit Venedigs ins rechte Licht rücken.

Dieses Venedig, in dem das Wasser der Lagune nur einige Male zu sehen ist, wo die Architektur Element der Begrenzung oder auf ein winziges Zeichen zurückgeführt ist, verliert sich unter tausend Varianten einer üppigen, schweigenden Natur; es ist dennoch die einzige Stadt, die wir alle kennen, wo der Himmel die aufquellenden farbigen Spannungen hat, die seine Maler eingefangen haben. Wasser und Architektur sind auf den Fotos Berengo

Gardins zu sehen; außer jenen Vorhängen von Grün ist der Himmel gerade noch angedeutet, dennoch wie eine Kirchenkuppel gewölbt. Berengo Gardin gelingt dieses Vorhaben, indem er einem Konzept folgt, das zugleich vorgegeben, aber auch die Vision einer einzigartigen botanischen Archäologie ist; derartig glänzend und direkt ist sein fotografischer Blick.

Die Zielsetzung der beiden Autorinnen integriert die fotografischen Bilder und bedient sich zweier einander ergänzender Stile der Untersuchung. Cristiana Moldi-Ravenna bemüht sich seit Jahren, die Städte als rationale Gitterwerke zu begreifen. Sie will eine Kenntnis vermitteln, die nicht oberflächlich ist. Vielmehr zeigt sie den subtilen Unterschied auf zwischen dem imaginären Wesen einer Stadt und den möglichen Abbildern. Es ist ein Kriterium, das die Entdeckung von Übereinstimmung der Zeichen verschiedener Städte Europas inner- und außerhalb der Muster der »großen Stile« (beispielsweise des Barock) ermöglicht hat. Dies geschieht durch ein Konzept, das eher eine Entdeckung von signifikanten Zusammenhängen als von Übereinstimmungen ist. Tudy Sammartini bringt der venezianischen Kultur eine liebevolle, man könnte sagen ausschließliche Aufmerksamkeit entgegen, die an den verschiedenen »Distanz-Punkten«, von denen aus sie Andenken und Gegenwart Venedigs betrachtet hat, gereift ist. Breite Information und eine spezifisch moderne Sensibilität, geschärft an der zeitgenössischen Architektur, halten sich die Waage. Beide Eigenschaften stützen häufig mithilfe seltener und kostbarer Dokumente jene Intuition, die die Wiederentdeckung verlorener Wege ermöglicht. Lebendige, seltene Gärten, verlassen, mißbraucht, ausgelöscht oder zweckentfremdet – sie alle sind Embleme von Venedigs *anderem Gesicht*, das mit den Jahreszeiten vorüberzieht und aus zwei Gründen eine umfassende Sicht unmöglich macht: Zum

einen ist da die Begrenzung aus Stein, zum anderen die endlosen Wassergräben der Kanäle. Es sind *diskrete* Orte der Kontemplation, die man schwer in einer beständigen Erinnerung behalten kann und die doch bewegliche und wesentliche Netze der Stadt sind, mehr Kulissen als Hintergrund der großen Bühne, die die Stadt darstellt.

Wie die rechteckigen oder ungleichmäßigen Steine haben auch die Gärten Geschichten, Schicksale und Veränderungen. Dieses Buch ist nicht nur eine »Erinnerung des Bestehenden«, wie man so sagt, sondern eine einzigartige durchdachte Geschichte Venedigs unter dem keineswegs nebensächlichen Aspekt seiner Kultur. Unterschiede und Übereinstimmungen mit den großen Gärten auf dem venezianischen Festland scheinen offensichtlich. Das Buch betont zu Recht deren Eigentümlichkeit im Zusammenhang mit der Bezeichnung »Stadt, die nicht ihresgleichen hat«.

Dieses Buch ist dennoch keine Geschichte der Gärten Venedigs und auch kein Atlas. Es ist ein topografischer und gleichzeitig literarischer Führer, um entlang einer außerordentlichen, fruchtbaren »Landlinie« Venedig zu durchwandern. Mag diese Landlinie fragmentarisch sein oder gelegentlich unterbrochen, bleibt sie doch wesentlich für den Entwurf einer wirklich dreidimensionalen Ansicht der *Lagunenstadt*.

Autorinnen und Fotograf finden eindrucksvolle *Topoi*, die diese bezaubernden Gärten erfassen; es sind Gärten, deren Vorhandensein wir häufig hinter einer Mauer, an den Ufern eines Kanals, in der Luft oder im Wind spüren, es sind echte *Gärten der Meditation*. Der Faden dieser Meditation ist eine andere Geschichte, in der das Buch die Gärten Venedigs wie Embleme und übereinstimmende Zeichen behandelt.

Was meine eigene Erinnerung angeht, so kann ich bestimmt nicht vergessen, wie viele Male als Leser, manchmal als »Autor« der Biennale von Venedig ich im unbarmherzigen Sommer durch die tiefen Schatten der Sant' Elena-Gärten gegangen bin. Mehr begleiten mich die Eindrücke der gewöhnlichen Gärten der Giudecca, die so unvermutet lebendig und grün sind. Das ist Venedig. Venedig ist immer verschieden. Könnte ich die Bäume, die Brücken, die Kanäle und das Laub der kleinen über die Mauern ragenden Gärten in dem Venedig zählen, das ich nachts mit dem Maler E. V. in großen Schritten oder in einem nunmehr außer Dienst gestellten Boot durchquert habe und dabei Wegen folgte, die einzig den Venezianern bekannt und für sie begehbar sind!

Was meine jüngste Erinnerung angeht, so bekenne ich, dieses Buch, das mit erlesener Schönheit gestaltet ist, wiederholt betrachtet und gesehen zu haben, wie es sich Seite um Seite vor mir entfaltet hat wie ein Altarbild, das sich in ständiger Vervollkommnung befindet. Dabei hatte ich als Mahnung, als Gegenstimme, als Erklärung jenen emblematischen Satz von Malcom Lowry im Ohr, mit dem sein Buch *Unter dem Vulkan* endet: »Le gusta este jardín que es suyo?; Evite que sus hijos lo destruyan!«.

Oktober 1988   *Vittorio Fagone*

GEFÜHLE ALS HAUPTDARSTELLER

Scuola di Servizio Sociale
»Vielleicht wird alles, was ich beschrieben habe, weiterhin ein
Traum sein, aber Du weißt, daß es verführerische Träume gibt
und die auf sie verwendete Zeit nicht verloren ist.«
Selvatico »Briefe an Signora M. B. B., S. 37.

Hl. Augu-
stinus
Bekenntnisse
10. Buch

ERINNERUNG. »Also will ich auch diese Kraft meiner Natur durchschreiten, um stufenweise emporzusteigen zu dem, der mich geschaffen. Da gelange ich zu den Gefilden und weiten Hallen des Gedächtnisses… Groß ist die Macht des Gedächtnisses, grauenerregend seine Tiefe und unendlich seine Vielfalt. Das ist der Geist, und ich bin's selbst. Was also bin ich, mein Gott? Was für ein Wesen? Mannigfaltiges, vielgestaltiges, ganz unermeßliches Leben! Sieh da in meinem Gedächtnis die unzähligen Gefilde, Höhen und Grotten, übervoll von allerart unzähligen Dingen… Das alles durchlaufe ich, eile im Fluge hierhin und dorthin, dringe in die Tiefe, soweit ich vermag, und finde keine Grenze.«

In einer Stadt zu leben, die »Erinnerung« ist, ist faszinierend, aber gleichzeitig besonders schwierig, wenn öffentliche und private Erinnerung sich miteinander verflechten und dabei auf genau festgelegten Vorrechten beharren. In Venedig lebt es sich außergewöhnlich im Vergleich zu anderen Städten. Wasserstraßen, *trabochetto**-Straßen, vorgeschriebene Wege; unendlich viele Kunstgriffe, um den Fremden auf Abwege zu führen, zu verwirren, ihn in der eifersüchtigen Besessenheit der Einheimischen, den Privatbereich zu bewahren und zu verteidigen, von seiner Spur abzubringen. Der Garten ist der geheimste Raum, er bleibt jenseits von Hausfluren, Balustraden, Fassaden und Palazzi oder bescheidenen Häusern verborgen. Hier wird eine Fahrt durch die Erinnerung suggeriert, auf der Suche nach jenen Verhaltensänderungen, die die räumliche Struktur eines emblematischen und symbolischen Ortes, wie es der private Garten ist, verwandelt haben. »Wo sind wir? Siehe da, eine Gruppe edler Lorbeerbäume wie die

G. D'An-
nunzio
*La Leda sen-
za cigno,*
S. 149

des Parrasio-Waldes. Wo sind wir? Siehe da, eine Reihe kleiner Zypressen, Gefährtinnen für die von Vincigliata. Wo sind wir? Siehe da, eine Pinie, derjenigen nacheifernd, die die Zikaden der Campania und die Krähen des Agro beherbergen. Wir schreiten über ein grasbewachsenes Ufer, leise, ohne zu sprechen, aus Furcht, die großen, kauernden Paradiesvögel könnten erwachen, die nichts anderes sind als eine Reihe goldener Lebensbäume, denen der leichte Südwest das Gefieder zerzaust, ebenso wie er die aloe-farbene Lagune kräuselt.«

In den Häusern und Gärten Venedigs wurden Marmorfiguren und exotische Pflanzen gesammelt, die an erfolgreiche Reisen, Unternehmungen oder Plünderungen erinnern sollten. Noch heute sind Spuren davon erhalten, die allerdings schwer aufzufinden und zu datieren sind, weil es sich oft um Kopien verlorengegangener Originale handelt. Aus vielen Fundstücken sind einfache Sitzgelegenheiten geworden, abgenutzte Steine, auf denen man rastet.

Es ist merkwürdig festzustellen, welch kurze Zeit die venezianischen Gärten wirklich gelebt haben. Die verbliebene spärliche Ausstattung unterstreicht den Eindruck, daß sie nicht mehr genutzt würden, und tatsächlich spielen sie heute nur selten noch eine Rolle im täglichen Leben der Eigentümer. Übrig bleibt vielfach lediglich Verfall oder Melancholie.

Viele Schriftsteller haben geschildert, was sich hier einst abspielte. Viele Menschen wurden neugierig, als sie in einer Stadt, die vollkommen künstlich erbaut war, die Reste von kultiviertem Land vorfanden, als müßte die Stadt die Tradition des Landes bewahren, das jenseits des

* Falle, Hinterhalt / A. d. Ü.

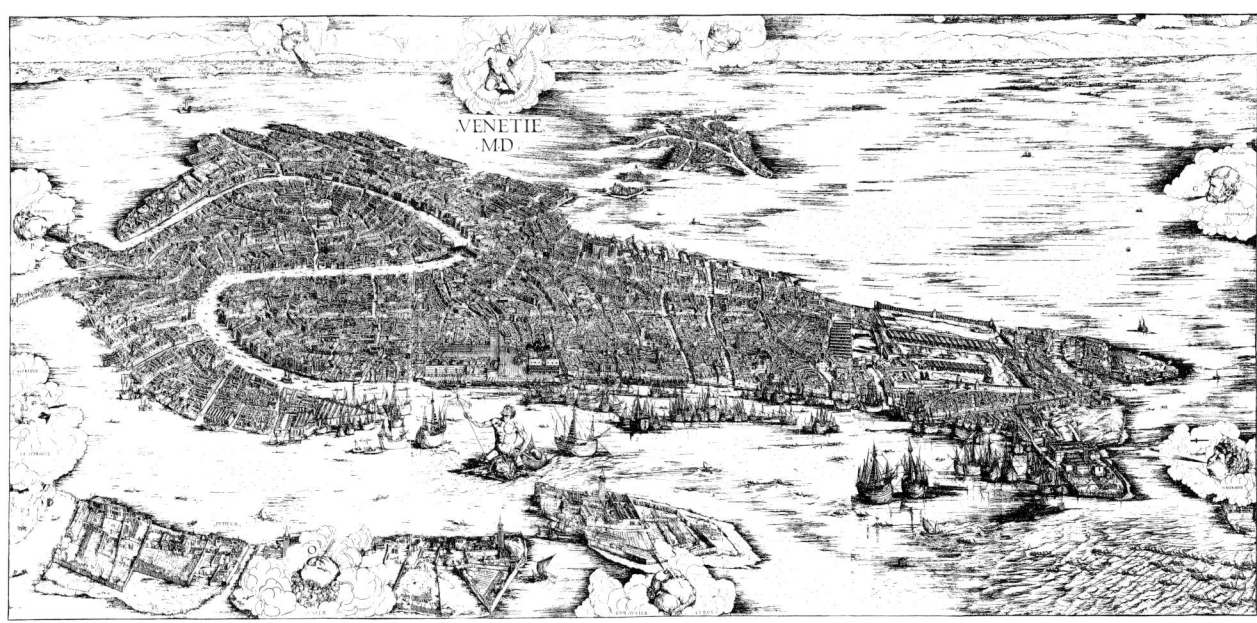

alles umgebenden Wassers liegt. Der einzige Garten, der den Eindruck erweckt, er befände sich in der offenen Landschaft, ist der Garten Herion auf der Giudecca. Die ihn umgebenden Bäume grenzen ihn förmlich von Venedig ab, das dadurch weit entfernt scheint. Die wenigen Zierpflanzen tragen dazu bei, die Umgebung wenig venezianisch aussehen zu lassen. Ein befremdliches Element ist die aus dem nahen Kreuzgang des Cosma-und-Damiano-Klosters stammende Brunnenbrüstung im Stil der Renaissance.

Die Erinnerung an die als Gärten genutzten Flächen Venedigs ist auf einigen Karten der Stadt festgehalten. Die erste zuverlässige Dokumentation darüber, wie Venedig am Ende des fünfzehnten Jahrhunderts aussah, ist der von Jacopo de' Barbari gezeichnete und gestochene und im Jahr 1500 von dem Deutschen Anton Kolb gedruckte Stadtplan. Er ist eine Süd-Nord-Ansicht aus der Vogelperspektive, ein Panorama, von vielen Kirchtürmen aus zu sehen, präzise mathematisch vermessen.

Der Blick auf die Stadt vom Meer her enthüllt erstmalig ihr doppeltes Gesicht: ihre einheitliche Gestalt und ihre unendlich vielfältigen ikonografischen Details – auch jene, die ganz im Geist der Renaissance am verborgensten waren. Die offenen Räume sind im Zentrum enger und komprimierter, an den Stadträndern ausgedehnter. Im der Lagune zugewandten Bereich der Giudecca erscheinen im Vordergrund die Gärten in allen ihren Einzelheiten minuziös genau gezeichnet. Sie sind gegen das Wasser hin mit Bretterzäunen geschützt, und noch nicht völlig abgegrenzt. Deutlich sieht man die Funktion der Bretterzäune, die die Erde zurückhalten und verhindern sollen, daß die

Gärten wieder vom Meeresschlick überflutet werden.
Die geschlossene Reihe massiver Häuser schützt vor dem Nordostwind. Auf ihrer Rückseite öffnen sie sich als Loggien und schauen auf ziegel- und steingepflasterte Höfe und den unentbehrlichen Brunnen. Ein enger Durchgang führt vom Hof auf ein großes Freigelände zur Lagune hin. Rasenflächen, gepflegte Beete mit Blumen, Gemüsen, Heilkräutern und *berceaux* von Rosen, Jasmin und Weinstöcken, die in geometrischen Mustern angeordnet sind, führen als schattiger Durchgang zum letzten Bereich aus dichten Bäumen, die an den Bretterzaun grenzen, der den bearbeiteten Boden vom Sumpf trennt.

Der Garten der Casa Frollo entspricht heute noch völlig denjenigen, die von de' Barbari gezeichnet wurden: Der gepflasterte Hof mit dem Brunnen nahe beim Haus, dahinter der von einer zentralen Allee in zwei große Beete geteilte Garten, an dessen Ende der Eingang zum Nutzgarten, auf der linken Seite ein glyzinenbewachsener Geräteschuppen. Im Garten sind Rosenbäumchen gut verteilt zwischen den Beeten und dem Rasen.

Fünfzig Jahre später hebt der Stadtplan von Matteo Pagan die Uferbegrenzung am Wasser hervor, während die Verhältnisse zwischen den Häusern und der freien Fläche nur wenig verändert sind. Außer den Pfahlzäunen, die, um soviel Land wie möglich zu schützen, sehr stabil sind, ist alles vollständig eingedeicht. Man bemerkt an den exponiertesten Stellen Mauern mit Türmen sowie Bauten an der Peripherie, die die Gärten auf der Innenseite schützen. Auch der einzige sichtbare Sumpf auf der Giudecca hinter San Giacomo sieht beinahe unverändert

Der von Jacopo de' Barbari als Kupferstich hergestellte und im Jahr 1500 von Anton Kolb veröffentlichte Stadtplan.

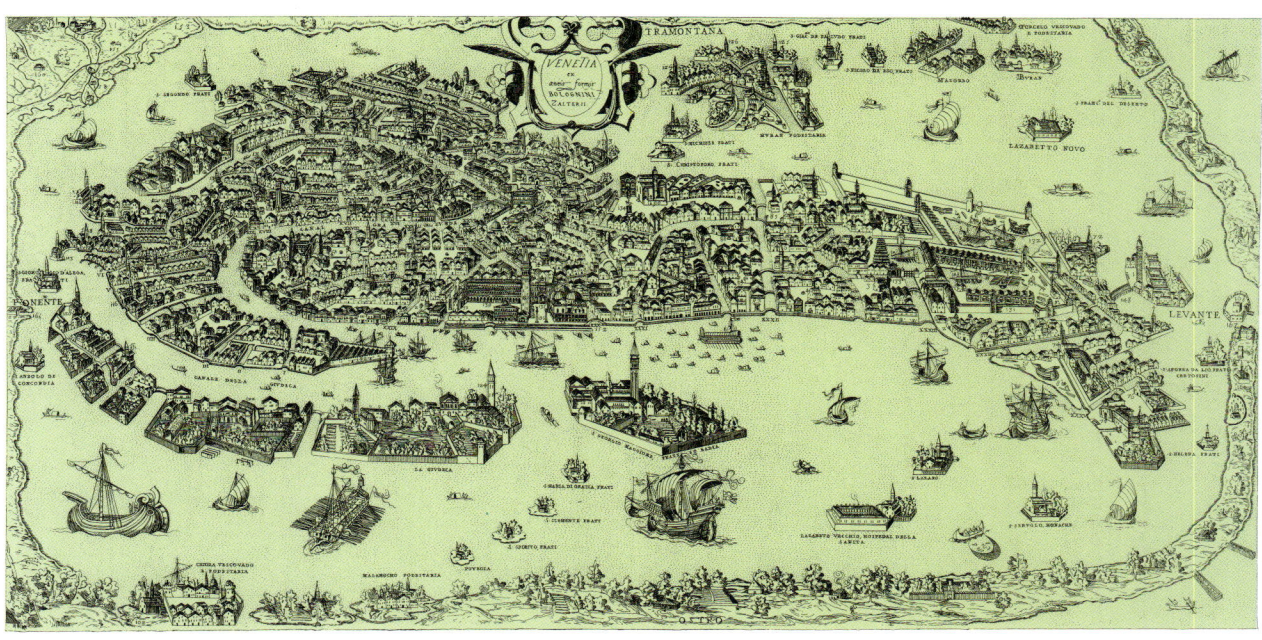

aus: im Vordergrund ein Holzgerüst mit ausgebreiteten Wäschestücken und ein anderes, das leer ist; rechts steht ein festes Gestell, ebenfalls aus Holz; es dient als Landungssteg. Besonders in diesem Bereich nahe am Canale della Croce finden sich von jeher Nutz- und Ziergärten.

J. L. Vaudoyer Les délices de l'Italie, S. 128

»Dieser Garten gehörte Engländern, die erlaubten, daß man dort spazierenging. Der einfachste Garten der Welt; ohne künstlich erbaute Perspektiven; in keiner Weise von Architekten angelegt, sondern beinahe der Garten eines Gemüsegärtners. Hinter einigen dürftigen flachen Häusern, wo Casanova sich hätte wohlfühlen können, schritt man zwischen Gemüse- und Blumen-Quadraten voran. Ein schöner Mangobaum, einer Reliquie ähnlich, glänzte inmitten der Kohlköpfe. Hie und da leuchteten schwach kleine Süßwasserbecken, für das Blumengießen bestimmt, wie venezianisches Glas, welchem ein wenig Asche beigemengt zu sein scheint. Dann entdeckte man unter Hecken bengalischer Rosen das bescheidene Grab manch angebeteten Mopses... Die langen Streifen horizontalen Lichts, die den Himmel Venedigs in Schichten teilten, legten sich in der Farbe der Aprikose, die sich mit der des Pfirsichs überlagert, sanft über den Garten.«

Auf einem Teil dieser Fläche befinden sich heute zwei Gärten: Der Sacerdoti-Garten bedeckt einen Teil des Areals, auf dem Lady Layard das bis etwa 1940 bestehende englische Hospital gründete, das von Frederick Rolfe in *The Desire and Pursuit of the Whole* beschrieben ist. Die Casa Sacerdoti liegt zur Fondamenta und zum Rio della Croce hin, wo eine eiserne Brücke und ein doppeltes Gitter den ehemaligen Garten Eden hermetisch abschließen. Der Flur des Hauses geht auf die weiträumige Rasen-

fläche mit einer Pergola zur Rechten, die zum Schwimmbecken und einer halbkreisförmigen Bank im Hintergrund führt. Vom Wohnzimmer aus erfaßt man mit dem Blick den Garten vollständig. Nahe am Haus lassen ein Sandkasten sowie rote Metalltürme für Kinderspiele die Umgebung lebendig erscheinen. Vom Altan sieht man den nahen Garten von Ca' Leon und das dichte Gehölz des Gartens Eden. Wie nach alter Tradition ist in der Ca' Leon die freie Fläche in zwei unterschiedliche Bereiche geteilt. Das Besondere, das diesen Garten zu einem einzigartigen Beispiel macht, ist das Haus selbst, welches die Fläche zweiteilt. Wenn man heute von der Fondamenta della Croce her eintritt, von der es unmöglich ist, die große Ausdehnung des Innern zu erahnen, kommt man in einen *patio*, der den Eingang des Ziergartens von dem des Nutzgartens abtrennt. Der erstere ist perfekt gepflegt, ein englischer Rasen mit großen Zypressen nimmt die Hauptfläche rechts vor dem Haus ein, links bunte Beete, durch einen Weg getrennt, der zum Aussichtspunkt führt. Diese Plattform, erbaut aus Ziegelsteinen und istrischem Stein, ist erhöht und von Glyzinien und amerikanischem Wein vollkommen zugewachsen, dazwischen Sitzgelegenheiten aus weißem Stein, Oliven, Lorbeerbäume, Pittosporum. Der Weg vom Belvedere folgt der kleinen, senkrecht über dem Wasser verlaufenden Mauer und führt zur Grenze, von der aus man undeutlich den nahen Garten der Redemptoristen sieht. Eine architektonische Entsprechung zum rückwärtigen Eingang des Nutzgartens bildet ein Häuschen mit weißen Tauben zur Erinnerung an das frühere »Haus der Rosen und der Vögel«, wie Damerini es nennt. Der große Nutzgarten hat drei rebenbedeckte

Der von Bolognino Zalterio 1566 in Venedig in Kupfer gestochene Stadtplan Paolo Forlanis.

Seiten 18/19: *Auf dem Stadtplan Ludovico Ughis aus dem Jahr 1729 werden die Gärten durch die wahrheitsgetreue Dokumentation sowie die Vermessung jedes einzelnen Beetes hervorgehoben.*

ICONOGRAFICA RAPPRESENTATIONE
CONSACRATA AL REGGIO S

...ELLA INCLITA CITTÀ DI VENEZIA
...ENISSIMO DOMINIO VENETO.

ANNO SALUTIS M.DCC.XXIX

SERENISSIMO PRENCIPE

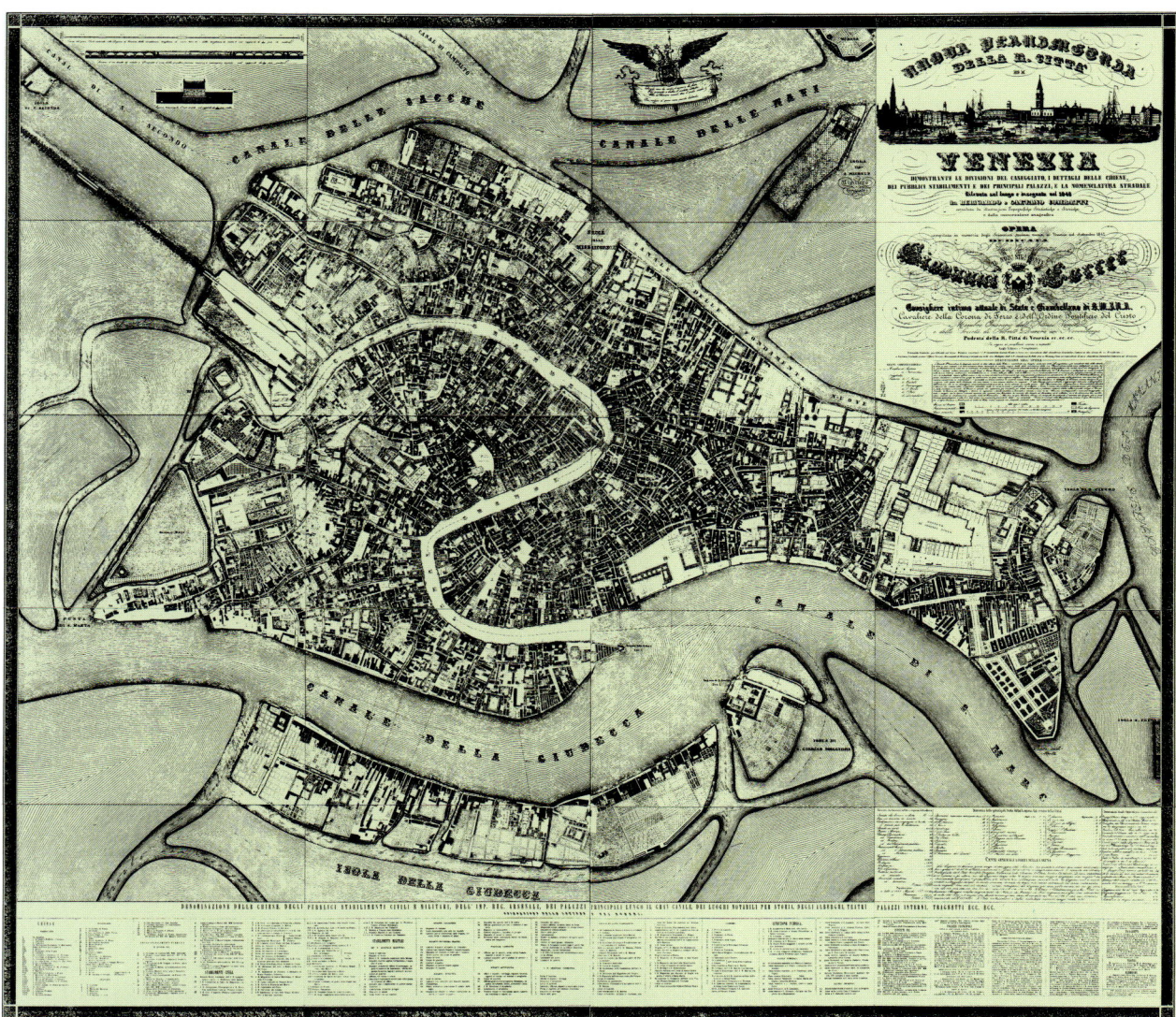

Laubengänge, die sich über die gesamte Länge erstrecken: Khakipflaumen, Birnbäume, Granatapfelbäume und Kirschbäume stehen in Gruppen, am Ende des letzten Laubengangs eine Adonisstatue. Repliken der griechischen Statuen nahe beim Haus sollen den Doppeleingang bewachen. Seit jeher wurde dieser Garten wegen seiner Schönheit gerühmt. Pietro Aretino spricht in einem Brief an den damaligen Eigentümer, Benedetto Cornaro, folgendermaßen von ihm: »Wenn die Giudecca es nicht verdiente, wegen der Schönheit der Kirchen und des Ortes bewundert zu werden, würde der Garten, der rund um Eure edlen Gemächer grünt, diese Schönheit den Menschen wunderbar zeigen...«

Zu jener Zeit waren die zwei Gärten Teil ein und desselben Besitzers. Cornaro war gewohnt, neben Aretino Literaten und Künstler wie Maffeo Venier, Gian Luca Trissino, Pietro und Bernardo Bembo, Monsignor della Casa, Tizian, Ruzante, Donato Gianotti, Jacopo Nardi und

Giovanni de' Medici bei sich zu Gast zu haben, zu beherbergen und zu beköstigen.

Wenn man den Plan Paolo Forlanis, der 1566 von Bolognino Zalterio in Venedig gestochen wurde, mit anderen Stadtplänen vergleicht, bemerkt man, daß auf diesem das Phänomen der Flut hervorgehoben wird. Die Stadt ist rings von Wasser umspült; es gibt keine Sümpfe, und die Bretterzäune stehen in einer geradezu verdächtig genauen Ordnung. Auch das Gelände auf der Giudecca, auf dem Pfähle zum Ausbreiten der Wäsche eingerammt sind, steht unter Wasser; der Platz ist klar aufgeteilt.

Dieselbe Strenge und Genauigkeit ist auch bei einigen anderen Gärten zu finden, beispielsweise beim Bastianello-Garten des Palazzo Businello am Canal Grande. Er ist durch eine zur Fondamenta hin liegende hohe Mauer gut geschützt; darin ein von Porphyrplatten begrenzter Rasen; eine Pinie zur Linken und zwei Feigenbäume im Hintergrund sind die einzigen Gewächse in diesem Gar-

Pietro Aretino
Lettere
Buch V,
Nr. 122

Der Stadtplan von Bernardo und Gaetano Combatti, 1847, überarbeitet bis 1855 und bis ins kleinste detailliert, stellte die fruchtbarste Zeit der habsburgischen Verwaltung dar.

»Sein Laub ist dunkel, hart und dicht... und aus dem ewigen Laubzweig entspringen im Abstand rhythmisch kleine neue Blättchen so lebhaft, daß es scheint, sie züngeln...«
D'Annunzio, Notturno, S. 236.

ten. Rundherum jedoch sind die Häuserwände mit wildem Wein bewachsen und bilden leuchtend grüne Tapeten, die bei der geringsten Brise vibrieren. Die Terrassen werden von denselben Ranken geschmückt, die das Äußere des Palazzo beleben, der sonst zu mächtig und erdrückend wirken würde.

Auf dem Stadtplan von Ughi von 1729 wird schon in der Widmung deutlich, daß wir ins Zeitalter der Aufklärung eingetreten sind: »Es entsteht, so sage ich, zum ersten Mal der geometrische Plan der berühmten Serenissima, dem die umsichtigsten Messungen zu Grunde liegen sowie eine genaue Abstufung der Winkelpunkte, was die allergrößte Genauigkeit beim Erstlingswerk meiner geometrischen Studien belegt!« Es ist der erste große Lageplan Venedigs. Die Stadt stellt sich als Idealkonzeption vor. Es ist ein Augenblick der Analyse, der kritischen Reflexion: Die Stadt wird nach systematischen Konzepten überdacht. Die Gärten sind mit viel Aufmerksamkeit gezeichnet – eine Fülle von Einzelheiten ist darauf zu erkennen – und mit wissenschaftlicher Genauigkeit in allen Details. Es sind sehr viele Gärten, die sich um die Giudecca und die Randbezirke von Cannaregio konzentrieren. Es entstehen durchgehende Grünflächen, die lediglich durch die Kanäle unterbrochen werden. Dies ist eine neue Auffassung von Landschaftsarchitektur, die in der Oberflächenausdehnung und in der Verschiedenartigkeit der minuziös

hervorgehobenen Formen die bebauten Flächen dominiert, da diese einfach nur dokumentiert werden.

In San Rocco öffnet sich heute ein Haus aus dem siebzehnten Jahrhundert auf der Rückseite wie eine Villa auf dem Land. Der Salmistrari-Garten ist von einem mit Ziegelsteinen gepflasterten zentralen Weg, der zum Nutzgarten im Hintergrund führt, in zwei große Beete geteilt.

Wegen der Strenge seines Entwurfs erinnert er an die Gärten von Ughis Stadtplan. Der Plan Bernardo und Gaetano Combattis aus dem Jahr 1847, der bis 1855 auf den neuesten Stand gebracht wurde, stellt eine Ansicht aus der Vogelperspektive dar; indem er in vollkommener Weise die Details abbildet, repräsentiert er die fruchtbarste Zeit der habsburgischen Verwaltung. Im Vergleich mit dem Plan Ughis erlaubt er uns, die nach 1797 stattgefundenen Veränderungen zu erkennen. Mit großer Deutlichkeit sind der neu hinzugekommene Bahnhof und die Brücke über die Lagune wiedergegeben, die Veränderungen der Fußgänger- und Wasserwege, die Umbildungen der großen Plätze, der Klöster und Palazzi. Darüber hinaus kann man aus dem Plan klar ablesen, wie zahlreiche Flächen, die man vor der Verbindung mit dem Festland als Randzonen ansah, nun von der Stadt eingenommen werden. Die Grünflächen sind in allen Einzelheiten dokumentiert, neue Gartentypen sind das Ergebnis von Konfiskationen, Zerstörungen und Enteignungen. Der Tie-

»Als man 1866 in einem Garten mit Bohrern einen Brunnen grub, verursachte dies eine Wassersäule von 40 Metern und schädigte die umliegenden Häuser dadurch, daß Erdreich weggeschwemmt wurde.«
Tassini, Curiosità veneziane, *S. 8.*

»Eine Gartenmauer erstreckt sich auf der anderen Seite, jenseits derer ich Granatapfelbäume voller Früchte und rebenbewachsene Lauben sehen kann.«
Symonds, British Authors, *S. 172 (S. 23).*

H. de Rég-
nier
*Esquisses vé-
nitiennes*
S. 10

polo-Garten ist einer von ihnen. Nahe an der Fondamenta della Misericordia gelegen, sind heute nur noch die Grundmauern, der Betonring und die Eckbauten in istrischem Stein des zwischen 1798 und 1800 zerstörten Palazzo erhalten. Er ist in zwei verschiedene Gärten aufgeteilt, einen verwilderten und einen gepflegten, dem Geschmack seiner zwei verschiedenen Eigentümer entsprechend.

Die Welt der Vergangenheit gelangt nur mühsam wieder in ihrer Vollständigkeit ans Licht. In der Erinnerung mischen sich Fakten, Ereignisse und Gefühle, die besonders voll von lebendigen Eindrücken sind. »Ich denke daran, daß ich, wenn ich die Augen schließe, dich wiedersehe, verlassener Garten des Palazzo Gradenigo... Es ist ein langer, schmaler Garten, der in einer Art Bogengang mit palladianischen Säulen endet. Von zarten Blumen duften die Beete, und auf einem von ihnen bietet ein Granatapfelbaum seine geöffneten, reifen Früchte dar; dort bin ich so langsam gegangen, daß es mir schien, als habe ich Jahre und Jahre dort gelebt....« Heute befinden sich auf dem Gelände des Gradenigo-Gartens noch geheimnisvolle Sitze, die im Kreis um eine große, dichtbelaubte Trauerweide stehen. Unerklärlicherweise findet man Gegenstände, die von verschiedenen Orten stammen und auf die seltsamste und unvorhersehbarste Art und Weise einbezogen sind, mitunter zufällig; nur um noch einmal wieder-

verwendet zu werden, ein andermal wie Zeugnisse einer Vergangenheit, die nicht verlorengeht. In den Alverà-, Mocenigo- und Bennati-Gärten in San Samuele, die früher einmal miteinander verbunden waren, hat sich die Neigung dafür erhalten, ein Fundstück aufzubewahren, auch wenn es nunmehr aus seinem eigentlichen Zusammenhang gerissen ist. Der in Stein gehauene Affe, der keinen bestimmten Zweck erfüllt oder der melancholische Kopf mit Bart, der sich auf die nackte Erde des Bennati-Gartens stützt, gehören dazu. Und dann die Frauenfiguren in kraftlosen, durch die Kleidung betonten Posen, die sich beim unvermeidlichen Raub der Sabinerinnen zusammen mit den Zwergen und Steintrümmern verschiedener Größe in einer zufälligen, zwanghaften Häufung den wenigen Raum hinter der Hecke zur Linken streitig machen, auf dem sie im Garten des Palazzo Mocenigo ihren Platz gefunden haben.

In dem kleinen Alverà-Gärtchen, das zur Hälfte zwischen dem privaten Hof mit der Außentreppe und dem Garten bleibt, zieht die in schöner Abgeschiedenheit stehende byzantinische Brunnenbrüstung die Aufmerksamkeit auf sich. Im Cosulich-Garten in Dorsoduro beherrscht und begrenzt die Architektur das Grün. Dieser Garten stellt sich als ein langes Rechteck dar, das mit einem gepflasterten Bereich vor dem Haus beginnt. Ein Wasserbecken

»Die Waren fluten durch diese Stadt wie das Wasser der Quellen.
Venedig erhebt sich aus dem Meer, und das Salzwasser fließt mitten
darin und rundherum und an jeder Stelle außer den Häusern und
Straßen; und wenn die Bürger sich auf den Plätzen befinden,
können sie zu Lande und zu Wasser nach Hause zurückkehren.«
Martino da Canal, Les histoires de Venise, *S. 5, Teil I, 2–4.*

spiegelt eine Reihe orientalisch gekleideter Statuen. Sie stehen an einer Mauer entlang aufgereiht, die diesen Garten vom Nachbargarten auf der linken Seite trennt, während rechts ein langer, von Säulen aus Stein gestützter hölzerner Laubengang mit Reben bewachsen ist. Die zentralen Beete an den Rändern des Profilbeckens lenken den Blick auf eine große geschmückte blinde Tür.

Bestimmte Gärten Venedigs sind wie Häuser; sie geben Schutz wie innerhalb häuslicher Mauern. Oft ist es nur ein einziger zusätzlicher Raum, ein weiteres Zimmer, das sich zu Himmel und Meer hin öffnet. Der kleine Garten von Vittorio Fiorazzo auf der Fondamenta Soranzo ist ein Rechteck, das auf den drei Seiten von einem gepflasterten Gang umgeben ist; im Hintergrund ein großer, von Kletterpflanzen umrankter Neptun, eine Kopie aus dem achtzehnten Jahrhundert vom Neptun Vittorias. In seiner gradlinigen Einfachheit ist der ganze Garten wie eine Verlängerung des Wohnzimmers konzipiert. Nahebei heben kleine Trennmauern von verschiedener Höhe den ganz versteckt liegenden Calzavara-Garten heraus. Der kleine Garten ist in drei Bereiche aufgeteilt: Im Zentrum ein rundes Becken mit einem byzantinischen, von Lorbeerbäumen überschatteten Brunnen. Im Hintergrund verbirgt rechts ein Jugendstilmosaik mit einem großen Ibis das Holzlager. Der Tisch mit den Stühlen zur Rechten ist die Verlängerung der Wohnung.

Beim ständigen Vergleich zwischen wirklichem und überliefertem Leben, der beide als unvereinbar erweist, erinnert man sich der Überlegungen derer, die sich früher schon mit dem Thema »Venedig« auseinandergesetzt haben. Was ist der Grund, weshalb Venedig »inspiriert«? Antike und moderne Autoren, Reisende, Politiker, Literaten haben sich mehr oder weniger vollständig vom zauberhaften Charme verführen lassen, den das Wasser und die Fassaden der Palazzi auf den Besucher ausüben. Die Spiegelbilder der Bauten im Wasser, die reflektierenden Farben, das ständig wechselnde Licht schaffen ein unwiederholbares Miteinander von Natur und Architektur. Hat man Venedig vor sich, ist man gezwungen, in seiner Vergangenheit zu verweilen, auch wenn es unweigerlich Schwermut hervorruft, einer für immer verlorenen Geschichte wiederzubegegnen. Venedigs Fähigkeit, sich immer gleich und dennoch durch das Licht, die Jahreszeiten und infolge von Nuancen, die ihm die Natur verleiht, immer wieder neu zu zeigen, versetzt den Betrachter in Erstaunen und macht ihn wenig geneigt, mit dieser Stadt in einen Dialog einzutreten. Es ist besser, daß Venedig allein spricht, daß es sich mit seinen Steinen selbst ausdrückt, daß die Wappen, die sich noch heute an den restaurierten oder baufälligen Häusern zeigen, von der verlorenen Macht berichten, daß sie Anerkennung einfordern. Auch die Natur, die jetzt unkontrolliert auf den

*»Ist dies nicht eine wahrhaft ländliche Lage, kann man nicht die
Freuden genießen, die man sich in der freien Landschaft wünscht?
Hier stört kein Staub, kein Pferdegetrappel, kein Quietschen
von Rädern betäubt uns das Ohr. Du hörst nichts als das von Zeit zu Zeit
vom Schlagen der Ruder verstärkte Murmeln der Wellen.«
Selvatico,* Briefe an Signora M. B. B., S. 17.

Steinen der nunmehr verfallenden Palazzi wächst, zeugt vom Willen, zu überleben; die Stadt als Ganzes, nur von der Vergangenheit gestützt, überlebt sich selbst nur mit Mühe.

Die von selbst wachsende städtische Flora Venedigs ist die lebendige, natürliche Erinnerung der Stadt und nimmt sich in einigen *calli** wie Unterholz aus Farnen und Gebirgspflanzen aus, die den Steinen aus den Steinbrüchen Istriens bis zu unseren Monumenten gefolgt sind und dort in den Ritzen leben, aus denen sie jedes Jahr sprießen. Andere stammen aus den »Orti dei Semplici« oder sonstigen Gärten und sind häusliche Zierpflanzen, wieder andere schließlich erinnern an die nahen zerstörten Wälder wie den Fetontea-Wald an den Rändern der Lagune. Dort wachsen auch mediterrane Arten wie Steineichen, Lorbeerbaum und Oleander, die einst von weither kamen.

G. D'Annun-
zio
Il fuoco
S. 206 »»Halte vor dem Palazzo Vendramin Calergi an‹, befahl er dem Ruderer. Längs der Mauer eines Gartens riß er im Vorüberfahren einige zarte Pflanzen ab, die in den Lücken des wie geronnenes Blut dunkelfarbenen Backsteins blühten. Die Blumen waren violett, von einer äußersten Zartheit, beinahe unfühlbar. Er dachte an die Myrten, die entlang des Golfes von Ägina wachsen, harte und stolze

* Bezeichnung für Straße in Venedig / A. d. Ü.

Sträucher wie Bronze; er dachte an die dunklen kleinen Zypressen, die die felsigen Gipfel der toskanischen Bergrücken krönen, an die hohen Lorbeerbäume, die die Standbilder in den Parks von Rom schützen...«

Außer den erwarteten Resten der Steinmetzkunst, auf die man trifft, wenn man durch Gärten geht, wie Säulen, Statuen oder Steine, findet sich bisweilen Überraschendes, das gerade deshalb schön ist, weil es ein abgenutztes Reststück ist, das seine ursprüngliche Funktion verloren hat. Dort, wo es an abgelegenen Ufern ungepflegte grüne Zonen gibt, wie zum Beispiel auf der Giudecca, ist es leicht, Trümmer zu finden, Stück für Stück abgetragene Häuser und sogar seltsame Bühnenhintergründe, die vor Zeiten einmal benutzt wurden. Es muß nicht viel Zeit vergangen sein, die Natur, die alles einebnet und vergißt, beginnt ihr Zerstörungswerk und wird wieder zur Feindin, wenn sie nicht durch den Menschen gezähmt wird. Der Zwang, die Natur unter Kontrolle zu halten und zu gestalten, macht die venezianischen Gärten zu einem eigenen Thema. Vom ursprünglichen Plan für viele von ihnen gibt es nur eine schriftliche Notiz, die sich im Vergleich zum heutigen Zustand als unvollständig und fragmentarisch erweist. Die Erinnerung hinterläßt ihre Spuren aus Stein für diejenigen, die Lust haben, sie wiederzufinden. In jedem Fall wird die persönliche Nachforschung den Weg vorschreiben. Die Gärten waren in der

»Etliche Weingärten gab es in Venedig, und sie wurden von den sogenannten ortolani *bestellt, die zwar keine Zunft, aber eine steuerzahlende Körperschaft bildeten, die sich 1773 in die Weingärten-Pächter in Castello alle Vignole, auf der Giudecca und in Canareggio teilten.«*
Tassini, *Curiosità veneziane, S. 717.*

Palazzo Cappello. »Im Hintergrund steht ein offener kleiner Tempel auf acht Steinsäulen.«
D'Annunzio, Taccuini, S. 117.
Seiten 28–29: »Ein kleines Becken... auf der runden Wasserfläche schien eine flüssige Rose zu schweben...«
de Régnier, Italie Septentrionale..., S. 140.

Vergangenheit bei weitem zahlreicher und von hohen, oft zinnenbekrönten Mauern geschützt. Der einfache Zinnenkranz, eine hohe Verzahnung in hochkant gemauertem Backstein war allgemein üblich, während er bei den wichtigeren Palazzi reichhaltiger wurde. Beim Gang durch die *Calli* findet man diese Beispiele in zahlreichen Gärten, vom weiträumigen Brandolin- bis zum kleinen Lazzarini-Garten. Dieser letztgenannte in San Barnaba besteht aus zwei unterschiedlichen Örtlichkeiten. Die erste, wenn man von der Haustür an der *calle* eintritt, ist ein quadratischer Rasen mit einem Springbrunnen in der Mitte, die zweite weist, wenn man den Laubengang passiert hat, rechter Hand einen großen Feigenbaum, Zierpflanzen und Statuen auf. Ein Gewächshaus auf der linken Seite ist funktionell und tut gute Dienste. Die kleine, zierliche Zinnenmauer trennt den Garten von dem ihm benachbarten. Dort atmet man aufgrund der bestmöglichen Pflege und Sauberkeit, die dort herrschen, ein wenig europäische Luft. Der Zinnenkranz auf der Umfassungsmauer blockiert den Zugang und ist ein Symbol der Verteidigung gegen die äußere Welt. Auf einigen Bildern von Antonello da Messina, Carpaccio, Bellini werden die spitzen Zinnen zu eleganten Amphoren, die Blumen und Pflanzen enthalten und eher auf die Verlängerung des dahinterliegenden Gartens anspielen als auf die Trennung von ihm. In Venedig sind heute noch Zeugnisse auch dieses Kulturdenkmals vorhanden, wie zum Beispiel in der Calle Ca' Foscari, wo Amphoren und Blumen aus Stein die kleine Trennungsmauer schmücken. Ein anderer unvermuteter Garten ist der Fullin-Garten. Er gehört zu denjenigen, die den Wohnraum nach draußen verlängern; dem Raum ist eine Eleganz aufgeprägt, die andernorts schwer zu finden ist. Die glyzinienbewachsene Pergola in der Mitte wird von schlanken, eleganten Säulen aus istrischem Stein gestützt. Wenn man vom Haus zum Hintergrund des Gartens kommt, kann man dort einen klassischen Ausblick genießen: Diese Perspektive wird durch das Geflecht von hölzernem Gitterwerk betont; es sind Spaliere, die einst hier angebracht worden sind, um den Rosenstöcken als Rankwerk zu dienen.

ZURÜCKGEZOGENHEIT. Die künstlich erbaute Stadt in ihrer sich wiederholenden Struktur aus Plätzen, gewundenen *Calli* und Brücken ist ein einzigartiger Kern, dessen sämtliche Teile gleichermaßen lebendig pulsieren. Doppeldeutig und wenig klar ist der Bezug zwischen Öffentlichem und Privatem, zwischen drinnen und draußen. Wenn man aus dem Haus geht, hat man anstatt auszugehen eher den Eindruck, sich in eine Umgebung von

Mocenigo-Garten in San Samuele.
»Während ich durch die Gittertür des kleinen Gartens spazierte, grüßten mich
die Blumen mit einem duftenden Atem, ich glaubte, daß Mutter Wald
die erste war, die mir diese Freundlichkeit erwies, und die kleinen
plumpen Statuen schienen mir mehr denn je zuzublinzeln.«
Howells, Venetian Life, *S. 124.*

vertrauten Gesichtern zu begeben, von täglichen Riten, von mitwissenden, verstohlenen Blicken der Fremden. Wer dort wohnt, versucht sich zu schützen, indem er persönliche Räume und Situationen für sich beansprucht. Der Garten ist fast immer so gestaltet, daß er den Raum sehr genau aufteilt und in drei unterschiedliche Bereiche abgrenzt: Den, der sich am stärksten architektonisch gestaltet und gepflastert darstellt, den aus Freude an der Natur, den wahren, eigentlichen Garten und den abgeschiedensten, verborgensten und geheimnisvollsten, den *gazebo**, für Vertraulichkeit und Meditation. Zu vielen venezianischen Gärten gibt es keinen Zugang. Und auch da, wo sie zugänglich sind, gibt es fast immer einen verborgenen und abgeteilten Bereich, in den man sich zurückziehen kann, nicht nur, um sich besser für Betrachtungen zu sammeln oder um indiskrete Blicke fernzuhalten, sondern um vor den Scharlatanen der Erinnerung die Handlungen und Gedanken zu verbergen, die nur wenigen Auserwählten enthüllt werden dürfen, wenn sie ihren Zauber nicht verlieren sollen. Gärten als Hüter von Gefühlen: Nicht nur Stolz und Ruhm, sondern auch beständigere und einfache Gefühle. Das Bedürfnis der

Reflexion führt zum Rückzug in den begrenzten Raum des Gartens. Der privateste Weg, derjenige, der zum »allergeheimsten« Ort des Gartens führt, ist der der Zurückgezogenheit. In bestimmten Winkeln wird die Erinnerung quälender, weil sie an die Familienmitglieder gebunden ist, an die Lieben, die man verloren hat, an Männer und Frauen, die in der Vergangenheit verehrt wurden und noch immer in Stein gegenwärtig sind. Übrig sind nur Namen, die ihre Bedeutung verloren haben, und deren Spuren bleiben werden, so lange, wie die Steine dem jährlichen Angriff von Erde und Gras widerstehen können.
Geheimnisse, die immer schwieriger zu schützen sind: Der Foto-Plan des Jahres 1984, ein fotografisches Luftbild der Stadt in Farbe, zeigt mit wissenschaftlichem Starrsinn jedes einzelne Detail von Häusern, Plätzen, *calli*, Kanälen und auch Gärten. Nur aus der Höhe kann man das Geheimnis des herzförmigen Labyrinths des Brandolin-Gartens enthüllen, das Spiel des doppelten *S* des Tagliapietra-Gartens, den genauen geometrischen Entwurf der Beete des Grimani-Gartens; ein gänzlich anderes Studium als bei den Plänen vergangener Zeiten, die, so genau sie auch gewesen sein mögen, doch immer künstlerische Interpretation waren. Zu katalogisieren, zu rechnen, zu

* eine Art Laube. Vgl. Bild-Untertext zu Seite 40 / A.d.Ü.

»Seit ich Euer freundliches Briefchen erhalten, habe ich den
günstigen Augenblick und das Licht abgewartet, um loszugehen
und einen heimlichen Blick in das Häuschen mit dem kleinen Garten
am Canal Grande, rechts vom Palazzo Guggenheim, zu werfen.
James, Letters, 1907.

sortieren und alles zu erklären, macht einen Teil unserer Kultur aus. Im Garten des »Seminario della Salute« empfängt den Besucher tiefer Schatten, die Sonne dringt dort nur mit Mühe durch, der Erdboden ist feucht und moosbedeckt. Das Areal ist nicht besonders ausgedehnt, der Garten ist aus neuerer Zeit, es gibt ihn auf Ughis Plan nicht, während er auf dem Combattis vorhanden ist. Er erscheint größer, als er ist, denn ein hügelartig überhöhter Teil vergrößert den Raum. Zugang hat man, indem man eine Außentreppe auf der Rückseite des Baus des »Seminario Patriarcale« hinabsteigt. Zur Linken führt ein gewundener Weg zum Ende des Gartens, ganz umlaufend, parallel zur Umfassungsmauer, die ihn von den *Zattere** trennt. Das Fischgrätmuster der Backsteine auf dem Weg zieht mit seiner unerwarteten Struktur die Aufmerksamkeit an; hier und da aufgehäufte Marmorstücke mit Inschriften, die die Zeit angegriffen oder zerstückelt hat und die aus Kirchen und Klöstern stammen, die in den ersten Jahren des achtzehnten Jahrhunderts zerstört wurden. Im Zentrum ein Platz zu andächtiger Besinnung, der aus kreisförmig aufgestellten steinernen Bänken mit einem quadratischen Tisch in der Mitte besteht. Nur wenig entfernt die marmorne Statue der Madonna. Jenseits dieser Stätte der Besinnung ein Hügel, der aus Aufschüt-

* Name der dortigen Uferpromenade / A.d.Ü.

tungsmaterial, Steinen und Ziegeln geschaffen wurde. Rechts ein langes, niedriges Mäuerchen aus unzusammenhängenden, dem Zufall folgend gemischten Steinen, die dort zusammengetragen wurden, um den Garten von dem zur Sonne offenen Bereich abzugrenzen, der als Sportplatz genutzt wird. Wenn man nach dem Verlassen der zentralen Stätten, immer am Rande des Gartens bleibend, in Richtung Treppe zurückkehrt, geht man unter einem Laubengang durch, der, von Pfeilern in istrischem Stein und Querhölzern gestützt, wieder zum Ausgang führt. Dieser Ort entspricht dem Bedürfnis der Seminaristen nach Selbsterforschung und Gebet. Die Vergangenheit hat noch andere Situationen mit dem entsprechenden Verlangen nach Frieden und Ruhe weitab von der Welt erlebt. Ein ganzes Gebäude kann ein geschlossener und unzugänglicher Ort werden: Die Klausur ist in jedem Fall die Demonstration einer freiwillig getroffenen, radikalen, endgültigen Wahl. »In der Calle Gambara, nahe der Accademia, liegt der geschlossene Garten, in dem die Frau lebt, die, als sie den Zeitpunkt ihres Verblühens kommen fühlte, ein großes Abschiedsfest gab und sich dann für immer in ihre – hermetisch verriegelten – verborgenen Gemächer zurückzog, damit die Fremden nicht den endgültigen Verfall ihrer Schönheit miterleben müßten. Die Rolläden der Gemächer sind vernagelt. Alles ist geheimnisvolles Schweigen. In den Bäumen singen die Vögel.« Es

G. D'Annunzio *Taccuini* S. 106

Die erste Berufung der Stadt ist landwirtschaftlicher Natur. In den Zeiten des Augustus muß die Lagune dort, wo sich heute Venedig erhebt, von einer Dünenkette geteilt gewesen sein und zwar in zwei getrennte Zonen mit Land auf einer Seite und Wasser auf der andern.

»Die immergrünen Pflanzen sind dicht und dunkel; einige Statuen sind dort, Faune und Nymphen, die Flecken und Schimmel sehr viel schamhafter gemacht haben, als es der Bildhauer beabsichtigte.«
Howells, Venetian Life, *S. 87.*

handelt sich um den Garten des Palazzo Basadonna Recanati am Ponte de le Maravegie bei der Accademia. Der weiträumige Hausflur öffnet sich in seiner ganzen Breite zum offenen, von Reliefs und gewundenen Wegen wahrhaft romantischen Stils belebten Raum. Das Pflaster stellt die Verlängerung des *portego* dar, im Garten verstreut stehen Steinbänke, die Verteilung ist asymmetrisch, und vom kleinen Berg zur Linken schwanken die Wipfel hoher Akazien. Eine kleine, gewundene Allee endet an einer Tür in der Mauer, die den Garten zur Seite der »Gallerie dell'Accademia« abschließt. Ein Haus aus dem achtzehnten Jahrhundert und eine hohe Mauer entziehen den Garten den Blicken. Auf der Giudecca betreten wir einen ganz verborgenen Garten, der auf dem Areal eines alten Nutzgartens angelegt ist. Nachdem man durch einen Hof mit einem von Kletterrosen und Wein bewachsenen Brunnen gegangen ist, betritt man ein großes Rechteck, an dessen Seiten zwei Pfade, die efeubedeckten Außenmauern entlanglaufend, bis zum Ende führen. Hier wird, vom dichten Grün der Bäume verborgen, das blaue Wasser eines Schwimmbeckens von den Spiegeln einer halbrunden Nische reflektiert, das die Umkleideräume beherbergt. Der Pfad rechts ist von Wein überwachsen, der links von einem Geflecht aus weißer, hängender Glyzinie, und von Pfeilern aus istrischem Stein mit doppelten ionischen Kapitellen gestützt wird. Der dichten Grün-

zone von Zedern, Pinien, Zypressen, Lorbeerbäumen, Platanen und Roßkastanien ist ein englischer Rasen vorgelagert, wo zwei Rosen-*berceaux* die weißen Statuen von Venus und Adonis flankieren. Der Rasen setzt sich in einer gepflasterten Fläche fort, auf die sich der Pavillon für die Gäste öffnet. Gefäße, ehemalige Kapitelle, fließen über von Blumen. Der äußerst gepflegte Garten mit seinen sehr seltenen Pflanzen und Blumen gilt, obwohl er weiträumig ist, in seiner ganzen Größe als streng privat und unmöglich zu betreten. Er ist so entworfen, daß die Verteilung der Räume nicht in ihrer Gesamtheit offenbar wird, sondern sich nach und nach erschließt, wenn man in das Grün eindringt. In den meisten Fällen zeigen die Gärten jedoch nur einen kleinen Teil des ganz privaten Lebens dessen, der dort lebt. Man erkennt es leicht, wenn man die Zeichen prüft, die es abgrenzen: Gitterroste, kleine Sperren, Eisengitter, bunte Glasscheiben. Die letzteren haben häufiger eine rein dekorative Funktion und schmücken weniger reiche Gärten. Die Ornamente lassen die Bilder im Innern des geschlossenen Raumes verschwimmen und erlauben es nicht, sie zu erkennen. Am Rio di San Sebastiano, in der Gruppe jener Gärten, die man von außen nicht einmal ahnen kann, liegt, geschützt von einem kleinen Palazzo mit einfacher architektonischer Linienführung, der Crolle-Garten. Im Nahbereich des Hauses eine gepflasterte Fläche, ein halbrunder Brunnen,

»Es gibt nichts, was mich in dieser auf dem Wasser erbauten Stadt mehr in Bewunderung versetzt hat als der Anblick der vielen schönen Gärten, die es dort gibt.«
Casola, *Viaggio*, S. 14.

Fullin-Garten Trompe-l'œil-Gerüst
als scheinbarer Halt für die Kletterpflanzen.
Seiten 36–37: *Garten des Seminario-Patriarcale.*
Das dichte Grün und die Stille laden zur Meditation ein.

ein Tisch mit Stühlen, weißlackiert, Töpfe mit Jasmin, Zitronen, Azaleen, Rhododendron, Blumen in allen Farben, die je nach der Jahreszeit wechseln. Zwei große Gefäße mit Kamelien bewachen den *berceau* aus Holz und grün bemaltem, mit Trauben, Erdbeeren und Glyzinien bewachsenem Eisen. Es teilt den Rasen und kreuzt sich im Hintergrund mit einem Laubengang. Jenseits eines langen, von Ziegelsteindreiecken gesäumten Beetes wachsen rechter Hand rotes, weißes und fuchsienfarbenes Springkraut, ein Granatapfelbaum und, in der Mitte des Rasens, eine einzelne majestätische Libanonzeder. Hier öffnet sich unerwartet zur Linken, verborgen vom Anbau des Hauses, ein weiterer Raum mit Sträuchern in wechselnden Farben längs der Mauer; in der Mitte des Rasens eine großblühende Magnolie mit doppeltem Stamm. Zwei Reihen Steine im Gras bilden einen Pfad, der sich sanft in zwei Richtungen gabelt, nämlich zum mit roten Geranien bewachsenen Brunnen, sowie zum höchst geheimen, überhöhten, ganz mit Rosen bewachsenen *gazebo*, zu dem man gelangt, indem man vier Stufen aus istrischem Stein hinaufsteigt. Den Tisch und drei Bänke im Innern schützen zwei große Sträucher. »Der Hof war klein, zwischen Mauern und in eine ziemliche Höhe ganz mit Weinlaub überrankt: die schönsten reifen Trauben von einer dunkelrötlichen Sorte hingen herein, starke Holzpfeiler stützten das lebendige Dach, an einen derselben

H. v. Hoffmannsthal
Andreas oder die Vereinigten
S. 82

war ein Nagel geschlagen, an welchem ein Vogelbauer hing. An einer Stelle war in dem Rebendach eine Lücke, groß genug, um ein Kind durchklettern zu lassen. Von hier aus fiel der Abglanz des strahlenden Droben in den Raum, und die schöne Form der Weinblätter zeichnete sich scharf auf dem Ziegelboden ab. Der nicht große Raum, halb Saal, halb Garten, war erfüllt von lauter Wärme und Traubenduft und tiefer Stille, daß man das ruhelose Hüpfen des Vogels hörte, der unbekümmert um Andreas' Hinzutreten von einer Sprosse zu andern sprang.«

Bei der Salute, im Rio terrà dei Catecumeni[*], gibt es vielleicht das bunteste und duftendste »lebende« Dach Venedigs. Der Barozzi-Garten, von den augenblicklichen Besitzern vom Nutzgarten in einen Saal von Rosen umgewandelt, ist kein großer Raum, aber die ungemein große Menge der Blumen macht ihn reich und kostbar. Dieser aus profanem Nutzdenken heraus verwandelte Garten ist eine Fortführung des Hauses, und so bewohnt wie ihn haben wir selten einen gefunden. Tische und Stühle sind das Mobiliar des dem Haus am nächsten liegenden Teils. Die Wappen an der rechten Mauer sowie ein kleiner Wandbrunnen in Maskenform mit einem roten Plastikschlauch schmücken den kleinen Ort. Ein langer *berceau*,

[*] rio terrà = Straße auf zugeschüttetem Kanal. / A. d. Ü.

Montin-Garten.
Der berceau *ist ein in venezianischen Gärten sehr verbreitetes Gerüst; er wehrt indiskrete Blicke ab und schützt mit wohltuendem Schatten vor der Sommersonne.*

Crolle-Garten in San Sebastiano.
»Einige verbergen und tarnen sich schlau; man muß sie zwischen den Schnörkeln der unentwirrbaren Stadt, an den entlegensten Orten suchen.«
de Régnier, Esquisses vénitiennes, *S. 10.*

auch dieser von Rosen, führt zum erhöhten Teil des Gartens, wo Lorbeerbäume, Pittosporum, Feigenbäume, Pinien· und Magnolien einen dichten, wilden Vorhang bilden, jenseits dessen man die Glockentürme und Kuppeln der nahen Kirche della Salute sieht. Das Grün und die Rosen schützen vor indiskreten Blicken.

»Es war ihre Zuflucht, der geheime Ort ihrer Einsamkeit, der von der Treue ihrer trüben Gedanken wie stumme Hüterinnen bewacht worden war, die ihr alle entgegenkamen; die alten un die neuen umringten und begleiteten sie.«

G. D'Annunzio
Il fuoco
S. 355

Im Bereich von Santa Croce, längs der Fondamenta del Gaffaro, eingetaucht in andere Gärten, von denen er durch Mauern getrennt ist, ist ein kleiner grüner Raum der vertraulichst verborgene Garten Venedigs. Der Flur des Palazzo öffnet sich auf einen engen, rechteckigen Raum, der an den beiden Längsseiten geschmückt wird von amerikanischem Wein, gemischt mit verschiedenen Efeu-Arten, die Türen und seitliche Fenster einrahmen. In Bodennähe wachsen kleine rote Begonien und Farne. In der Mitte ein kleiner, aus einem antiken orientalischen Kapitell gehauener Brunnen in griechischem Marmor. Eingerahmt von einer Girlande aus dichtem Zwergbuchsbaum, enthält er einen hundertjährigen Zwergfarn (*cycas palmata*). Ein schmiedeeisernes Gittertor, eingefügt in einen Mauerbogen zwischen zwei Nischen mit zwei Putten, führt zu einem überdachten Durchgang, der so mit

Kletterpflanzen bewachsen ist, daß er eine künstliche Grotte bildet. Zwei Stufen führen zum eigentlichen Garten. Ein gepflegter Rasen wird von gewundenen Wegen aus unregelmäßigen weißen und rosa Steinen durchquert. Vier Putten, die die Jahreszeiten verkörpern, stehen halb verborgen zwischen Sträuchern auf Säulen. Ein kleiner Steintisch zur Rechten wird von einem großen Pittosporum beschattet. Beete, die in ihrer Form die gewundenen Linien der Pfade begleiten, bestehen aus Sträuchern in dunklen Grüntönen, mit Blumen, Zypressen, Pittosporum, Lorbeerbäumen, Kaiserlorbeer (*laurus caesarus*), Stechpalmen verschiedener Farben, Hortensien, Kamelien, Cryptomerien sowie Rosensträuchern oder -hecken. Die Beete sind von Zwergbuchsbaum gesäumt, und die zahlreichen Farne kommen aus dem »Val Visdende«. Amphoren und archäologische Funde bereichern den Raum, der durch die kluge Verteilung der Pflanzen und das subtile Spiel der Farben ins Unendliche vervielfältigt wird. Die Gewohnheit, verborgene und wenig vorhersehbare Räume zu nutzen, ist der Form der Stadt selbst angeboren. Ihre konzentrische Bauweise, die übereinanderliegenden, umgebauten Häuser verschiedener Stile rufen beim Besucher Assoziationen hervor... Der Fremde hat ein bestimmtes Gefühl, auch wenn er es nicht definieren kann: Oft kann er nicht jedes Teil bestimmen, begreifen und benennen, das einem Stil einer Zeit oder auch einem Zweck gemäß erbaut wurde. Dennoch ist er sicher, bei einem ungeheuren magmati-

Guggenheim-Garten.
Ein gazebo ist ein in den venezianischen Gärten häufiges Ausstattungselement.
Ursprünglich diente es zum »Beobachten« und hatte die Form eines Türmchens.
Man ruht dort gewöhnlich an den warmen Sommerabenden aus,
denn durch einen Tisch in der Mitte und Sitzgelegenheiten rundherum
entsteht die intime Atmosphäre eines Zimmers.

schen Geheimnis dabeizu-
sein, das es zu entschlüsseln gilt. Das erste zu klä-
rende Geheimnis ist, den
Aufbau der Straßen zu verstehen. Wo ist Ausgangs-
und Zielpunkt der Straßen,
die, alle einander ähnlich, wie die Kanäle ihre gewundenen
Rhythmen sich in einem langsamen und sehr häufig
schwierigen Ent- und Verwickeln von grauen Steinen und
weißem Marmor wiederholen. Angesichts von *Calli* zwischen Mauern, an den Ufern und in einem Gewirr von
Abbiegungen nach rechts und links, muß man sich auf ein
neues Rätselspiel einstellen. Da überrascht dann freilich
wenig der Bedarf nach mehr Abgeschlossenheit, nach
noch mehr Abgeschiedenheit, nach Unzugänglichkeit.

VERTRAULICHKEIT. Mitunter schafft der venezianische
Garten Komplizenschaft zwischen den Personen, die in
einigen besonderen Fällen nicht mehr als zwei sein dürfen.
Die Zweideutigkeit zwischen Gesagtem und Verschwie-
genem wächst und wird begünstigt von der Gartenatmo-
sphäre, die die Hauptfiguren in ihrem vollkommenen
Einvernehmen isoliert. »Heute abend‹ – antwortete er
mit ruhiger Sicherheit – werde ich zum Sorbet in euren
Garten kommen und beim Anblick des Edelsteinge-
schmückten Granatapfelbaums, der unter dem Firma-
ment leuchtet, meine Freude haben«, oder »Geht mit den
anderen und kommt dann wieder … ich werde am Grade-
nigo-Gartentor auf euch warten.« Geschichten leise ent-
hüllter Geheimnisse, dekadenter Stimmungen, von Still-

G. D'Annun-
zio
Il fuoco
S. 33

G. D'Annun-
zio
Il fuoco
S. 201

schweigen, von Erwartun-
gen. »Man hörte den Kies
unter wenigen Schritten
knirschen, dann war noch
einmal große Stille. Aus
der Ferne der Kanäle kam
ein undeutlicher Lärm.

G. D'Annun-
zio
Il fuoco
S. 193

Plötzlich schien es, als verströme der Jasmin einen stärke-
ren Geruch, wie ein Herz seine Schläge beschleunigt.«
Dies sind Beispiele eines mitwissenden und vertrauten
Einvernehmens. Geschichten von Leidenschaften, vielleicht eher eingebildeten als wirklich gelebten, vererben
sich auch heute noch weiter. Die Legende von der kupple-
rischen, augenzwinkernden Stadt, die die Liebenden
schützt und die Liebeshändel mit ihren Formen, Farben
und Düften nährt, ist immer noch aktuell. Dort, wo auch
heute noch manche Erinnerungen an die romantischen, in
der Vergangenheit gelebten Verhältnisse wach sind, von
denen vor allem für das neunzehnte Jahrhundert reiches
Belegmaterial vorhanden ist, vermag man sich vorzustel-
len, wie bequem und liebenswürdig man sich in jenen
besonderen halbkreisförmigen Bänken zusammenkauern
konnte, die durch ihre Form oder durch ihre Anordnung
im Schatten dichtbelaubter Bäume die Unterhaltung zu
zweit begünstigen. In Santa Caterina in Cannaregio auf
dem Grundstück des 1819 zerstörten gotischen Palazzo
Molin, wo ein Stein an den Besuch Friedrichs IV., Königs
von Dänemark, 1709 erinnerte, liegt heute ein intimer,
exzellent gepflegter Garten, zu dem man von der Calle
Racchetta Zugang hat. Die Überreste des alten Palazzo
finden sich in den Kranzgesimsen, die als Umrandung für

Barozzi-Garten.
Im 15. und 16. Jahrhundert waren Venedig und Wien die Zen-
tren des Blumenhandels. Hier fanden sich die Neuzüchtungen
aus der gesamten damals bekannten Welt, von hier aus gingen
sie nach ganz Europa. Umgekehrt belieferte Venedig den Orient
mit wenig bekannten Gewächsen.

die Beete dienen, sowie in der aufwendigen Tür zum Wasser, die im Hintergrund des Gartens auf den *rio* führt. Die derzeitigen Eigentümer, die Bellinato, haben 1983, als es dort nur eine Magnolie, einen Khakipflaumenbaum und das eiserne Gerippe des unvermeidlichen *berceau* gab, damit begonnen, den Garten wieder in Ordnung zu bringen. In fünf Jahren ist es ein entzückender Garten geworden. Wenn man von der *calle* her eintritt, ist linker Hand ein Brunnen mit Akanthusranken und mythologischen Figuren, voller Maiglöckchen, der die Trennung des gepflasterten Bereichs vor dem Haus vom übrigen, in kleinem Kies gehaltenen Garten anzeigt. In den zwei Beeten längs der Mauer wachsen Pflanzen, die den Schatten lieben: Hortensien, japanische Ahornarten verschiedener Tönung und weitere Maiglöckchen. Kleine gewundene Alleen, von Grün umsäumt, trennen Beete von Rosensträuchern, Pfingstrosen, Narzissen, Tulpen, Rhododendren, Oleander, Lorbeerbäumen und Pittosporum. Eine Putte steht auf einem Felsen in der Mitte eines kleinen, runden Beckens voller Seerosen. Die äußeren Mauern sind mit Geißblatt, Glyzinien, Begonien, Jungfernrebe und verschieden getönten Efeuarten bedeckt, während der *berceau* aus kleinen Rosen aus dem neunzehnten Jahrhundert besteht. Zwei hochgewachsene Zwergpalmen (*chamaerops excelsa*) werden von zwei Einfassungen aus Ziegelsteinen geschützt. Im Hintergrund

des Gartens laden zwei Bänke und ein Tischchen zum Ausruhen ein. Wie in alten Zeiten wird der Garten von den Eigentümern gepflegt. Ein anderer Garten, der in Ruhezonen für das Gespräch unterteilt ist, befindet sich auf den *Zattere* in der Fondamenta delle Torreselle; ein schönes, in die Länge gezogenes Haus gegenüber dem Canal della Giudecca wird von einer Mauer aus Ziegeln und istrischem Stein mit Putten an den Ecken geschützt. Das Haus aus dem Besitz der Rocca war bis vor einigen Jahren von einem einzigen großen Garten umgeben, der unlängst nach dem Umbau in viele Räume unterteilt wurde, von denen jeder seine *privacy* besitzt, die jedoch alle miteinander verbunden sind. Man tritt durch einen engen Gang von den *Zattere* her ein und kommt in einen ersten Hof, wo der Efeu (*hedera helix*), aus einem kleinen gemauerten Becken heraus sich am roten Putz emporrankt, und das kleine Rasenstück rings um den Brunnen sowie die kurze Pergola mit Glyzinien dem kleinen Raum einen intimen und verfeinerten Geschmack verleihen. Die vier Gärten, die um das Haus herum liegen, enthalten die Möbel jedes bewohnten Ortes: Tische, Stühle und Bänke, die bald näher beieinander, bald weiter auseinander stehen. Einer der Gärten an der Ecke bewahrt deutliche Zeichen von Glanz und Geschmack mit dem erlesen gearbeiteten Geländer einer Terrasse, auf der einfache Rosen ein Jugendstil-Basrelief umranken, um als Kissen

»Dies ist der Garten, der mich sofort erobert hat, als ich einen verstohlenen Blick durch das große offene Tor in den Palazzo warf.«
Howells, Venetian Life, *S. 87.*

Ausstattungselemente in ganz verborgenen Gärten wie diesem in der Nähe der Hochschule für Architektur.
Seiten 44–45: Sacerdoti-Garten auf der Giudecca.
Die halbkreisförmigen steinernen Bänke sind die bevorzugten Sitzgelegenheiten.

für eine matte Frauengestalt zu dienen. Die großen, von den griechischen Inseln hergebrachten Olivenbäume quellen über die Mauer und rahmen die Kuppel von Redentore ein. Statuen, Säulen, Putten, Kapitele von der Villa Baslini an der Brenta schmücken und unterteilen die englischen Rasenflächen, die verschiedenartigen Zierpflanzen fügen Farbe und Harmonie hinzu. D'Annunzio, Isidora Duncan, die Duse, die Casati, das sind Namen, die noch heute Neugier auf eine Welt wecken, in der das Schöne, durch die Sinne kultiviert, den ersten Platz als absoluter Wert einnimmt. Liebesgeschichten, die nicht enthüllt werden durften, die geheim bleiben mußten, weil sie die Regeln der kleinbürgerlichen Industriegesellschaft brachen, die dem Klatsch das Charisma der Wahrheit verlieh. Vielleicht gab es im überwiegenden Teil der Fälle gar keinen wahren Grund, die Gefühle verborgenzuhalten. Es lag eine dekadente Modeerscheinung in dem Wunsch, eine Übereinkunft geheimzuhalten, die, wenn einmal offenbart, ihren Zauber und ihre Existenzberechti-

G. D'Annun-
zio
Il fuoco
S. 318

gung verloren hätte. »Zur Stunde der einbrechenden Nacht ging Stelio gern zum Haus seiner Freundin; er trat durch das Tor des Gradenigo-Gartens und ging mitten durch die Bäume und die Sträucher, die wieder verwildert waren. Foscarina hatte es erreicht, daß ihr Garten mit dem des verlassenen Palazzo mittels einer Bresche in der Trennmauer verbunden wurde...«

Man bemerkt im Innern der offenen Räume, vor allem in den kleineren, die Gegenwärtigkeit des Eingriffs des Menschen, der Zeit und auch des Zufalls. Vielleicht sind diese Gärten eher verwirrend als faszinierend; ihr Wesen ist schwer zu beschreiben, weil sie oft geheimnisvoll sind und sich jedweder Einstufung entziehen. Die von den Eigentümern durchgeführten Änderungen haben so sehr die Tendenz, ihre ursprünglichen Strukturen immer bruchstückhafter zu zeigen, daß daraus ein herrenloses Werk wird. Der kleine Garten D'Annunzios am Canal Grande in der Nähe der Präfektur versucht, sich vor den Blicken derer zu schützen, die an ihm vorbeikommen. Ein Laubengang mit amerikanischem Wein läuft am Mäuerchen über dem Wasser entlang, dem Haus ist eine Rasenfläche vorgelagert, und eine riesige Glyzinie erschwert das Öffnen der Tür zum Garten, wenn man von der privaten *calle* her eintritt. Linker Hand ein Springbrunnen. Alles ist sorgsam bemessen und kontrolliert. Heute gibt es dort keine Spur des Geistes von D'Annunzio, es sei denn jener besondere Klingelknopf draußen an der Tür: ein kleiner Engel mit Feueraugen, die den Besucher verwirren.

In Venedig ist die Beziehung zur Natur ganz anders als in anderen Städten. Hier ist ein schweres Trauma der Trennung vom Land vorhanden. Das Wasser ist Natur, aber auch Hindernis, Barriere, die mit künstlichen Mitteln überwunden werden muß. Die Landschaft ist das Meer

»Die Bewegung der Gezeiten verändert beständig das Gesicht der Gegend, die bald wie Land,
bald wie Inseln erscheint, und eure Häuser sind den Wohnungen der Wasservögel ähnlich...,
denn ihr haltet zusammen dies Land besetzt und schützt es mit Weiden vor den Meereswellen,
dort, wo mitten im Meer Süßwasser sprudelt... statt des Pferdes
habt ihr das Boot vor dem Haus angebunden.«
Cassiodorus, 538 n. Chr.

am Horizont. Im venezianischen Garten kann das Auge nicht umherschweifen, es erreicht keine geschwungenen Linien jenseits von Sträuchern und Bäumen. Schnell ist das Ende des Gartens mit der kleinen Begrenzungsmauer erfaßt. Im Innern gliedert sich das Grün auf der Suche nach persönlichem Ausdruck in immer kleinere Zonen. Die Gewöhnung an nähergerückte Entfernung bringt Details ins rechte Licht, die an Leidenschaften, Gefühle oder einfache Stimmungswechsel gebunden sind. Aufgrund dieses andernorts nicht feststellbaren Charakters hat Henry James einem venezianischen Garten die Rolle des Hauptdarstellers zugewiesen. In *The Aspern Papers* ist der Garten das unentbehrliche Mittel, um in den Besitz des Aspern-Briefwechsels zu gelangen. »...ich gewahrte, H. James
*The Aspern
Papers*
S. 80 als ich ans Ende des Gartens kam, daß meine jüngste Hausherrin in einer der Nischen von Grün saß. Anfänglich unterschied ich nur das Profil einer Gestalt, das in keiner Weise dem meiner Gastgeberinnen ähnlich war, mir kam sogar der Gedanke, daß irgendeine verliebte Hausangestellte wegen eines Liebesabenteuers die Schwelle übertreten hätte. Ich wollte gerade weggehen, um sie nicht zu erschrecken, als sich die Gestalt erhob und ich die Nichte von Miß Bordereau erkannte. Es war, als hätte ich ihr eine Falle gestellt und dieser ungewöhnlichen Tat mein Eindringen in den Garten hinzugefügt.« Der Fremde, der auf der Suche nach dem Aspern-Briefwechsel

ist, stellt mit seinem hinterlistigen Verhalten eine Falle aus Blumen und Pflanzen: »Es mag für einen Mann seltsam scheinen, aber ich kann nicht ohne Blumen leben... Sie H. James
*The Aspern
Papers*
S. 56 trat näher zu mir heran, so als ob sie mich, auch wenn sie mir nicht glaubte, mit einem unsichtbaren Faden angezogen hätte. Ich ging weiter, und während sie mir folgte, fuhr sie zu sprechen fort: ›Wir haben welche, aber die sind gewöhnlich. Es kostet zuviel, sie zu pflegen, ein Mann wäre nötig.‹ ›Warum dürfte ich nicht dieser Mann sein?‹ fragte ich – ›Ich werde ohne Bezahlung arbeiten; oder ich werde lieber einen Gärtner nehmen; Sie werden die schönsten Blumen Venedigs haben.‹« Es fehlt nicht die eigentliche Beschreibung des Gartens, die seltsamerweise ganz aktuell scheint. Ein verwilderter Garten, wie es leider sehr viele in Venedig gibt, es handelt sich um jenen Garten des Palazzo Cappello; heute befindet sich der Palazzo im Verfall, und der Garten noch mehr. Es fehlt nicht an Statuen, die eine Atmosphäre sehnsüchtiger Melancholie schaffen. Es sind Statuen, die mit einem Schleier von Moos bedeckt sind; einige sind auf der Erde, andere auf kleinen Pfeilern aufgestellt, wieder andere, wie die der Heroen, weisen auf die Notwendigkeit rascher Restaurierungsarbeiten hin. »...von oben gesehen, sah H. James
*The Aspern
Papers*
S. 57 der Garten schlecht aus, doch ich wurde mir sogleich darüber klar, daß man dort große Dinge tun konnte.« Der Garten wird, mit dem Fortschreiten der Geschichte,

*Klingelknopf von Gabriele D'Annunzios kleinem rotem
Haus am Canal Grande.*

Seiten 48/49: *Vincenzo Cadorin; Bildnisse der Kinder Romeo
und Guido.*
Seiten 50/51: *Die ausgedehntesten Gärten befinden sich an
den Rändern des alten Stadtkerns und auf der Giudecca.*

immer mehr das Mittel, um sich in das Vertrauen der Eigentümerinnen einzuschleichen, deren Isolation aufzubrechen und mit ihnen vertraut zu werden. »Ihr alle benutzt den Garten, nicht wahr?« Dieser so besondere Garten, wie er in das Haus eingezwängt und gegen außen von Mauern geschützt ist, in so viele Teile unterteilt, mit dem Nymphäum im Hintergrund, voller dichtbelaubter Bäume, die ihn vor indiskreten Blicken aus den Häusern schützen, die von oben Einblick gewähren, ist der Mitwisser der ständig wachsenden Vertraulichkeit, die sich zwischen dem Gast und den Eigentümerinnen bildet. Er ist der einzige Ort, an dem sie erreichbar sind, und sie bleiben wehrlos, eine Beute dessen, was sie für Liebenswürdigkeit halten, und was in Wirklichkeit nur Interesse ist. »Ich beschloß, so viel Zeit wie möglich im Garten zu verbringen, um meine Leidenschaft für die Pflanzen zu rechtfertigen. Kaum daß ich mich einquartiert und Zeit hatte, ernsthaft an das Vorhaben zu denken, besichtigte ich mit einem Fachmann den Garten und einigte mich mit ihm, um ihn in Ordnung bringen zu lassen. Dies zu tun tat mir leid, weil ich ihn lieber so hatte, wie er war, mit seinem Unkraut und seiner wirren Masse von wildem Grün, seiner liebenswürdigen, ganz venezianischen Unordnung. Ich würde die alte Signora mit Lilien bearbeiten, würde die Zitadelle mit Rosen bombardieren. Die Tür würde der Belagerung der duftenden Wohlgerüche nachgeben. Der Ort war wirklich in brutaler Art und Weise verlassen worden. Die Trägheit der Venezianer ist enorm, viele Tage lang war die einzige Beschäftigung meines Gärtners, Abfälle ohne Ende aufzuhäufen. Es gab ein großes Ausheben von Löchern und Erdbewegungen, und all das machte mich so ungeduldig, daß mich die Versuchung überkam, das Ergebnis meiner Anstrengungen beim nächsten Blumenhändler zu suchen... Nach so viel Arbeit sprossen Knospen. Dies ermutigte mich, und ich wartete geduldig darauf, daß sie sich vermehrten. In der Zwischenzeit kamen die heißen Sonnentage und begannen wieder vorbeizugehen, und wenn ich daran zurückdenke, scheinen sie mir beinahe die glücklichsten meines Lebens... Ich trachtete immer mehr danach, im Garten zu sein, wenn es nicht zu heiß war. Ich hatte an einer geschützten Stelle einen niedrigen Tisch und einen kleinen Sessel aufstellen lassen; ich brachte Bücher und Mappen mit... Ich arbeitete, wartete, dachte nach und hoffte, während die goldenen Stunden verrannen, die Pflanzen im Licht tranken, und der geheimnisvolle Palazzo verblaßte und sich dann beim Aufkommen des Tages wiederbelebte und Gestalt annahm und meine Papiere in der schweifenden Brise der

H.James
The Aspern
Papers
S. 74

Adria raschelten.« Diese kurze Passage gibt uns vielleicht den vollständigsten und erschöpfendsten Eindruck vom Verständnis des Autors von Venedig als eines in so kleine und intime Teile unterteilten Wesens, das uns zuflüstert, daß es nur einem rätselhaften und verschlüsselten Verhalten gelingen kann, in sein feindliches Netz einzudringen und damit schwierige, wenn nicht gar unmögliche Unternehmungen zu Ende zu führen. Auch heute erinnern vorgetäuschte oder wirkliche Barrieren – wechselweise Umschreibungen, Manipulationen wiederholte Redensarten oder Gitter, Glasscherben, Flechtgitter oder bunte Scheiben, abweisend kleine Mauern – an den selbstverständlichen Widerspruch, auf den sich das venezianische Leben gründet. Die Türen sind für die Passanten, für die Unbekannten und für diejenigen geschlossen, die vorbeigehen, ohne hierherzugehören. Aber für diejenigen, die drinnen wohnen, wird der Innenraum zum Ort der Gemeinschaft; auch wenn der Zugang häufig wenigen vorbehalten ist, genießen alle Häuser, die auf den Garten blicken, das Grün und nehmen am Wandel teil, den jede Jahreszeit der Natur auferlegt. Es gehört zum Charakter des *campo**, der sich in den kleinen, lärmenden Gemeinschaften behauptet, daß die Bewohner selbst von den Balkonen herab Stücke des Gartens wiedererstehen lassen, um an die verwickelte Entstehung der Stadt zu erinnern. Die Gruppierung in kleine Einheiten erlaubt es dem, der es will, die Geschichte von Venedigs nicht nur in konkreten, sondern auch in geistigen Ursprüngen aufzuspüren und sie noch einmal nachzuvollziehen, einer Wirklichkeit gegenüberzutreten, die aus der Flucht, aus dem Sichverstecken geboren wurde, aus der psychologischen Verdrehung dessen, der weiß, ohne es andere merken zu lassen. In keiner anderen Stadt wie in Venedig ist der Garten ein Element, der Teilnahme hervorruft, ein Mittel, an die Grenze zur Geschichte zu gelangen – durch gewundene Straßen, die auf eine Welt anspielen, die man nur ahnen kann, die aber unfaßbar bleibt.

Wie eine moslemische Stadt entzieht sich Venedig einer Analyse, die es erlauben würde, es zu entschlüsseln und zu enträtseln. Es bleibt die Oberfläche, die Fassade, das, was man von außen sieht; der Schmuck, das bunte oder goldene Mosaik, das Wort. Ein großes Selbstbewußtsein hat die Bewohner dieser Stadt zu Propagandisten einer Imagination gemacht, für die es in der westlichen Welt kaum ein Gegenbeispiel gibt.

* Bezeichnung für die zahlreichen kleinen Plätze in Venedig / A.d.Ü.

Die Normen für das Zelebrieren

»Auf der Giudecca zeichnet sich der Garten der Gritti wegen seiner Heilkräuter,
seiner Bauten, seiner Skulpturen und Gemälde von seltener Feinheit aus.
Außerdem ragen auf dieser Insel die Gärten Andrea Dandolos auf der
Landzunge gegenüber San Giorgio Maggiore und die der Mocenigo,
der Vendramini und der Cornaro sowie vieler anderer hervor, die auf dieser
Insel mit außerordentlichem Liebreiz und Erlesenheit in Fülle verstreut sind.«
Sansovino, Venetia, Città Nobilissima, S. 369.

H. James
Italian Hours
S. 43

SIEGEL. »... Ich bin mir darüber im klaren, daß Venedigs Gärten eine ganze Seite für sich nötig hätten. Sie sind unendlich viel zahlreicher, als es sich ein Fremder bei seiner Ankunft vorstellen kann. Sie betten sich mit einem ihnen eigenen besonderen Charme in den Mäandern des größten Teils der Wege hinter den Häusern ein. Einige sind entzückend, viele sind groß, und auch die kleinsten haben einen künstlerischen Sinn bei der sorgfältigen Wahl der Farben, wobei das Wasser die Grundmauern bespült. In den *rii** sind sie auf der Suche nach erbaulicher Zerstreuung die willkommenste Überraschung. Auf verwitterten Mauern häuft sich das Gewirr von Pflanzen und Blumen. Das Grün verschmilzt mit dem schmutzigen rosa Backstein.«

Wenn man großes Glück hat, kann man in der schönen Jahreszeit von den Fenstern der Obergeschosse aus eine Sicht auf geometrisch abgemessene Beete genießen, mit lebhaften Farben im Inneren und grünen Rändern, gemäß der alten venezianischen Tradition, die im *parterre* das mit Arabesken verzierte Muster orientalischer Teppiche nachbildet, die es in Venedig seit Beginn des dreizehnten Jahrhunderts gibt. Pflanzen und Blumen bildeten seit dem Altertum die einfachste Symbolik, um die Macht und denjenigen, der sie ausübt, zu erkennen. »Wohlan, ich will meinem lieben Freunde singen, ein Lied von meinem Freund und seinem Weinberg. Mein Freund hatte einen Weinberg auf einer fetten Höhe. Und er grub ihn um und entsteinte ihn und pflanzte darin edle Reben. Er baute auch einen Turm darin und grub eine Kelter ...« An einer

Jesaja
5, 1–2

---

* Plural von rio, Seitenkanäle in Venedig. / A. d. Ü.

anderen Bibelstelle wird der Zusammenhang Natur-Symbol-Macht in noch elementarerer Weise erklärt. »Deine Mutter war wie ein Weinstock im Weingarten, am Wasser gepflanzt ..., seine Ranken wurden so stark, daß sie zu Zeptern taugten.«

Hesekiel
19, 10–11

»Siegel« als Bild, nicht als Name, Wort oder Definition; die »Siegel« als Zeichen, als abschließendes und zusammenfassendes Symbol, als nützliche Hinweise, um die Tiefe der Phantasie bildlich auszudrücken. Mitunter sind die zum Erkennen der Hauseigentümer angebrachten Symbole auf den Wappen sehr einfach, aus der Natur abgeleitet z. B. wie die Rose, das Akanthusblatt oder, wie wir eben gesehen haben, Zweige; andere wiederum – wie die der *Scuole* – enthalten Anspielungen, sind hermetisch, Träger von Botschaften, die es zu entziffern und zu deuten gilt. In dem *Roman de la Rose*, der von allen Gartenfachleuten angeführt wird, weil er die Struktur des mittelalterlichen, gut von Mauern geschützten Gartens wiederaufgreift, ist die Rose die Allegorie der Liebe. Die Dichtung spricht von dem, was nicht ausdrücklich gesagt werden, sondern nur durch die Verarbeitung phantastischer Bilder verstanden werden darf. Ein Fluß verläuft im Innern des Gartens, in dessen Mitte ein von einer Hecke umgebener Rosengarten liegt.

Heiliges und Profanes verflechten ihre Symbolik in einer unentwirrbaren Reihe doppelsinniger Bedeutungen, die poetisch werden, gerade weil es möglich ist, sie sowohl auf das eine wie auf das andere zu beziehen. Die Rose ist das Symbol der Frau im allgemeinen sowie das der Madonna. Die Mystische Rose in den *Litaneien der Jungfrau Maria* ist im *Roman de la Rose* das geheimnisvolle Tabernakel des

»Gartens der Liebe« und des Rittertums. In den venezianischen Gärten fehlt es nicht an Rosen. Jeder rühmt sich mehr oder weniger seltener, gepflegter oder wilder Rosenstöcke, die als Bäumchen, Klettersträucher oder Lauben gehalten werden. Auch das Akanthusblatt findet man in den klassischen und mittelalterlichen Dekorationen, es schmückte korinthische Kapitelle, Leichenwagen und die Gewänder bedeutender Männer, Architekten oder Helden, die ihre persönlichen Schwierigkeiten gemeistert hatten.

In Venedig finden wir die Siegel der *Scuole*, Bruderschaften oder Patrizierfamilien, die fast in allen Verwaltungsbezirken vorhanden sind. In den Donà-dalle-Rose-Wappen mit ihren fünfblättrigen Rosen, die vielerorts in Venedig auf Brunnen und Wappen gemeißelt sind, in den schmiedeeisernen, in das Gitter des Palazzo Brandolin eingearbeiteten Skorpionen und noch mehr in den sinnbildlichen steinernen Darstellungen von Sonne und Mond, die die Schachtdeckel des Innenhofs des Palazzo Balbi Valier bilden, ist die Symbolik auf Elemente der Natur bezogen. Die Gesellschaft bedingt und bestätigt gemäß den jeweiligen Verbraucherbedürfnissen die Tätigkeiten und Bezeichnungen; um sie leichter erkennbar zu machen, werden sie in einer Folge von Symbolen zusammengefaßt, die in Venedig fast unvermeidlich mit bereiften Rändern eingefaßt sind – vermutlich in Erinnerung an byzantinische Opferschalen.

SELBSTDARSTELLUNG: Bei der ständigen Suche danach, sich in grandioser und kostspieliger Weise herauszustellen und hervorzutun, schmückten die Venezianer ihre Palazzi innen und außen, immer darauf aus, der Nachwelt mit Gedenksteinen, die sie in den Gärten oder Hausfluren aufstellten, die Durchreise berühmter Persönlichkeiten anzuzeigen. In der Vergangenheit setzten sich so imponierende Bauten wie die Palazzi am Canal Grande in einem

prunkvollen Garten fort, wo auch Pflanzen, Blumen und Gras, nach genauen Normen angepflanzt, zur Verschönerung und Bereicherung beitrugen.

Die Gärten von Venedig haben eine vielfältige Geschichte und lassen einen Geschmack erkennen, der einen ganz bestimmten Stil zu bewahren strebt. In seinem inneren Teil gliederte sich der Garten in Beete mit unglaublich fein ausgearbeiteten Mustern sowie mehrere Springbrunnen in der Form antiker Becken oder Gefäße. *Berceaux* und schmale Alleen gehörten schon zum Entwurf. Im Unterschied zur rechteckigen Pergola hat der *berceau* eine abgerundete Form, die ebenso als dekoratives wie als funktionales Element dient, weil ihr Schatten angenehm schützt. Der *berceau* ist seit der Antike bekannt; berühmte Beispiele dafür sind die, die man in den Gräbern der Adeligen Nacht (1425 v. Chr.) und Senefer (1435 v. Chr.) in Theben gefunden hat. Das Gewölbe der Grabkammern ist gänzlich mit Weinreben als Fresko ausgemalt. In den besichtigten Gärten sind einige *berceaux* liebevoll gepflegt, wie zum Beispiel der im Crolle-Garten in San Sebastiano, der in der Ca' Leon auf der Giudecca oder der im ebenfalls auf der Giudecca gelegene Gozzi-Garten.

Der Garten Tizians war an der Lagune, in San Canciano. Dorthin lud er seine Freunde ein, und er verbrachte dort viel Zeit mit seiner Pflege. »Der Abbé Cadorin berichtet, daß Tizian in einem nahe von hier gelegenen Haus wohnte, das er 1531 von Leonardo Molin gemietet hatte. Im Jahre 1549 bekam er von Bianca, seiner Witwe, ein ganz nahe gelegenes ›unbebautes Grundstück, das er zu einem überaus entzückenden Garten machte, wo er sich gewöhnlich mit seinen engsten Freunden vergnüglich die Zeit vertrieb. Von ihm spricht der Rektor Priscicane am Schluß der *sechs Libri della Lengua Latina**, gedruckt im

G. Tassini
*Curiosità
veneziane*
S. 682

* Bücher über die lateinische Sprache / A. d. Ü.

*Palazzo Baldi Valier.
Sonne und Mond auf dem Fußboden des Innenhofes. Die Dekoration der Schachtdeckel bezieht sich möglicherweise auf die Astrologie, oder das Regenwasser war ganz einfach willkommen.*

Jahre 1553, und sagt, daß er mit Aretino, Sansovino und Jacopo Nardi von Vecellio* zur August-Sommerfrische in einen seiner Gärten eingeladen wurde, welcher am äußersten Ende Venedigs gleich am Meer gelegen war, dort, wo man die liebliche kleine Insel von Murano und andere wunderschöne Orte erblickt‹... Das Haus befand sich zu unserer Zeit in allgemeinem Umbau, im Zuge dessen ich den Baum mit den runden Blättern entwurzelte, den Tizian auf seinem Bild *Der heilige Petrus als Märtyrer* abgebildet hat. Jetzt sind dort die Fondamente Nuove, und man sieht die Lagune nur durch die enge Calle Colombina.« Die Stadt wandelt und entwickelt sich, die Räume verändern sich mit der Zeit. Die Statuen sind zweifellos das häufigste schmückende Element in den Gärten, sie verleihen den Stätten und ihren Besitzern Ansehen und Reichtum einst wie heute.

Reden ohne ein Wort zu sagen, indem man den Ort prachtvoll gestaltet; dem Besucher, der bei besonderen Anlässen empfangen wird, den Atem rauben. Die Statuen unter freiem Himmel haben nicht nur eine dekorative Funktion, sondern wollen darüber hinaus auch etwas mehr und etwas Neues aussagen. Häufig stehen sie in Nischen zwischen aufwendigem Zierwerk von Säulengängen und zeugen mit ihrer Großartigkeit für eine den von

Überfluß geprägten Gesellschaften eigene Ausdrucksfülle. Der Brandolin-Garten auf der Rückseite des Palazzo Giustinian ist einer der wenigen am Canal Grande mit einzigartigen Charakteristika. Ein großes Portal auf die enge *Calle* wird auf der Innenseite von zwei Statuen bewacht, die zwischen Oleander und vor dem Hintergrund eines die ganze Mauer bedeckenden gefleckten Efeus auf zwei Ziegelstein-Mäuerchen in Sichtbauweise ausgestreckt sind. Der Bereich, der zum von einer hundertjährigen Glyzinie geschmückten Haus hin liegt, ist gepflastert; ein Brunnen steht in seiner Mitte. Zwei verschiedene Treppen mit wenigen Stufen steigen zum Garten an. Die erste führt zu einem *gazebo*, den amerikanischer Wein beschattet und als vertraulichen Ort des Verweilens verbirgt. Die andere, in der Mitte gelegen, wird von zwei Karyatiden, halbnackten Gefangenen mit großen Schnurrbärten, eingerahmt und führt in den *parterre*-Garten, wo der begrenzte Raum von schmalen konzentrischen Buchsbaumalleen in Herzform vergrößert wird.

Die vielleicht erschöpfendste und gleichzeitig überraschendste Beschreibung eines außergewöhnlichen, für immer verschwundenen Gartens ist die, die wir von Martinoni bekommen. »In Santa Lucia, der einzigen Stelle am Canale, wo er von zwei Uferwegen flankiert wird, liegt der Palazzo des Grafen Gerolamo Cavazza«; dieser

F. Sansovino *Venezia città nobilissima* S. 393

* Vecellio = Nachname Tizians / A. d. Ü.

Das Gitter des auf den Canal Grande blickenden Palazzo Brandolini D'Adda nahe San Barnaba mit eisernen Skorpionen, Symbolen, die sich auch im Familienwappen finden.

Garten gilt Martinoni als einer der schönsten und reichsten; er ergeht sich in besonderer Weise darin, das Erdgeschoß zu beschreiben, wo der Graf Räume, die normalerweise zum Dienstleistungsbereich gehörten, in entzückende Gemächer verwandelt hat, die mit liebenswerter Symmetrie angeordnet waren. Die peinliche Genauigkeit, mit der er jede Einzelheit beschreibt, läßt die Bedeutung erkennen, die Martinoni diesem Garten beimaß. »Geschmückt mit fünf Reihen seltener Gegenstände ist die Galerie, durch welche man eintritt. In der Tat werden, wenn man den Fuß dort hineinsetzt, Auge und Gemüt zugleich hingerissen, nicht weniger vom Weiß des Deckenhimmels von außerordentlicher Höhe, als auch von der in Stuck, Girlanden, Figuren und anderem Zierat gearbeiteten Umgebung ... mit entzückenden Perspektiven ... rechts und links von Nischen sind Statuen aneinandergereiht, und zwischen ihnen Konsolen, Köpfe und Büsten.«

Es geht weiter mit der Beschreibung der unzähligen, ganz prächtigen Schmuckstücke in den fünf Reihen, in die die Wände unterteilt sind; die letzte Reihe bietet: »... in einer großen Nische zur Rechten ist Neptun untergebracht, um dessen Füße sich ein Delphin windet, und auf dem Absatz stehen abseits zwei Löwen aus feinem Marmor ... zur Linken, außerhalb des geraden Gangs der Galerie, wo, von Myrtengefäßen umgeben, ein achteckiger Brunnen

aus Veroneser Stein steht, bilden zwei Treppenrampen einen in eine Grotte verwandelten Hohlraum mit einem Mauerbelag aus tropfsteinartig angeordneten Meeresmuscheln so vieler Arten und Farben, die schon um ihrer selbst willen gefallen, ferner wegen der Kunstfertigkeit, mit der sie verteilt sind, und wegen der verschiedenen Figuren, auch menschlicher, die sie darstellen. Auch hier, gegenüber dem obengenannten Neptun, ist eine ganz mit Perlmutt ausgekleidete Nische ausgespart ... im Hohlraum einer der Türen sind sehr kunstvoll vier große Spiegelplatten eingepaßt, jede aus sechs vergoldeten Metall-Quadraten bestehend ...«

Die Spiegel geben die Bilder der verschiedenen Gegenstände wider und vervielfältigen die Öffnungen, wobei sie dem Raum einen Illusionseffekt verleihen. Nach Martinoni war auch dies eine Erfindung des Grafen selbst, die dann von vielen anderen nachgeahmt wurde. »... daneben folgt eine Loggia, mit Säulen, Gesimsen und Pfeilern aus Veroneser Mandelornament mit einem Deckenhimmel aus Stuck und Glasmalereien rundherum. Über diesen aber befinden sich Bilder von Vögeln, Blumen und Jagdszenen, Einlegearbeiten aus Lapislazuli und anderen, ähnlichen Steinen. Man sieht einen sorgfältig gearbeiteten Tisch, auf dem in minuziöser Zeichnung Orpheus abgebildet ist. Zum süßen Klang seiner Lyra fabulierend Pflanzen und Tiere anzog. Aus dieser Loggia geht man

Der Gozzi-Garten auf der Guidecca. Der berceau *hat im Unterschied zur rechteckigen Pergola eine abgerundete Form.*

Seiten 60/61: *Brandolini-Garten.*
Die fin de siècle-*Kariatiden stützen die Reste eines* berceau.

durch besonders große Fenster hinaus, die sie mit einem niedrigen Hof verbinden, der von den Bresciani mit Perspektiven ausgemalt wurde und ringsum mit großen Orangenpflanzen begrünt ist, die, obwohl von den Sonnenstrahlen wenig begünstigt, doch sehr reich an Blättern sind. Am Ende dieser Gänge hat man durch drei Türen mit kostbaren Schnitzereien Zutritt in das letzte Zimmer mit einer gewölbten Decke aus Stein, das in mehrere aus Stuck gebildete Abschnitte gegliedert ist und dessen Rest von kannelierten Säulen unterteilt wird, sowie von fünf Nischen, die mit Statuen und zwei großen Bildern des Cavalier Cairo Milanese geschmückt sind: *Diana im Bade* und *Andromeda in Ketten,* die dem Meeresungeheuer ausgeliefert ist, und mit Perseus, der herabkommt, um sie zu befreien; ... ich werde nicht von den Blumentöpfen und anderen Liebenswürdigkeiten sprechen, die keinen noch so winzigen Raum kahl lassen, um diesen Bericht nicht noch länger zu machen, bei welchem ich nicht umhin konnte, mich ein wenig ausführlich zu verbreiten: ist es doch so, daß dies die einzige Wohnung in Venedig ist, die die Gegebenheiten und die Ausschmückungen aufweist, die ihr in solchem Grade einen dem Liebreiz gleichen Glanz verleiht, daß man dort jeden großen Herren geziemend empfangen kann, und sie zudem den Vorzug hat, aufgrund ihrer Lage in der größten Sommerhitze äußerst kühl und beinahe lau im Winter zu sein. Schließlich kann man mit lauterer Wahrheit sagen, daß es

niemanden gibt, der nicht über die Maßen Gefallen daran fände, wenn er dort hineingeht, und sie als Paradies bezeichnete, verbunden mit dem Wunsch für lange Jahre der Freude für denjenigen, der mit Mühe und Eifer an nichts gespart hat, um sie einzurichten.« Gerade wegen seines Charakters, »künstlich angelegt« zu sein, entspricht der Garten italienischer Art, der Architekturgarten, dem Wesen Venedigs und hat dort länger Bestand als anderswo, weil hier die Notwendigkeit besteht, die Symbole der Selbstverherrlichung auf einen begrenzten Raum zu beschränken. Oft ist die bescheidene Ausdehnung des Gartens von jedem beliebigen Punkt kontrollierbar, weil er mit strenger Symmetrie entworfen wurde. Im siebzehnten Jahrhundert begegnen wir einem raffinierter ausgearbeiteten Gartentyp. Auf der Suche nach bühnenartiger Wirkung strebt der Raum danach, immer größer zu erscheinen. Jeder Winkel muß unterschiedlich und immer schöner sein, muß Staunen erwecken.

Förmliche Regeln für das Verteilen und Plazieren von Pflanzen und Blumen, um den Garten eleganter zu machen und so das Ansehen des Palazzo zu heben, sind von Paolo Bartolomeo Clarici in seinem Traktat kodifiziert worden, das 1726 postum veröffentlicht wurde. »Die Sorgfalt und das Hauptaugenmerk bei der Anlage eines Gartens sei das seiner perfekten Unterteilung und Gliederung aus welcher sich seine beste Gestalt ergibt. Wenn man in diesem Punkt etwas fehlen läßt, wird auch jene

P. B. Clarici
*Istoria e
cultura*
S. 4

*Von der Giudecca aus öffnet sich dieser Garten zum Kanal
und zu San Marco.*

*Der Lucheschi-Garten in San Barnaba hat ausgedehnte
symmetrisch angelegte Beete.*

schöne Aussicht fehlen, die die Schönheit von Pflanzen und Blumen noch mehr ins Auge fallen läßt. Aber weil man die einen in die Erde, die anderen in Töpfe pflanzen muß, muß man darob entweder aus Rasenstücken oder aus bemaltem Holz vier kleine Theater oder Pyramiden formen, die im richtigen Verhältnis nach den vier Himmelsrichtungen liegen, Sonnenauf-, Sonnenuntergang, Nord und Mittag, um die Töpfe an den Ort und an die Luft zu stellen, die sich durch Experimentieren als für die Pflanze und Blume selbst am bekömmlichsten erweisen wird; auch wirken gewisse Holzverschläge und unförmige Treppenanlagen, die den Ort aufs gröbste versperren und auch noch sein Erscheinungsbild beeinträchtigen, auf das Auge unangenehm. Auf dem Grundstück wird man auch noch *ajette** oder vielmehr – in unserer gröberen Sprache *vanezze** (Beete) aus Rasen anlegen, welche in ähnlicher Weise wohlbemessen und in schöne Figuren unterteilt sein müssen, in der Absicht, daß die Blumen mit größerem Stiel ihren Standort in den äußersten Teilen des Gartens erhalten, auf daß sie nicht das Hervorkommen der kleineren zudecken und die Freude an ihrem Anblick verhindern: Und da man diese in Beete setzen muß, die im richtigen Verhältnis zu ihrer Qualität stehen, so wird man

jene anderen in größere setzen; und diese sollen so bemessen sein, daß man sie mit Leichtigkeit bearbeiten und von jeder Seite her gut bewässern kann: Sie sollen höchstens vier Fuß breit und sechs Fuß lang sein, und zwei Fußbreit Zwischenraum sollen zwischen einem jeden liegen. Einige gewissenhafte Leute fassen die Beete mit Kacheln ein; die Folge ist, daß der Buchsbaum die Feuchtigkeit, die dazu bestimmt ist, sich über die Pflanzen in der Nähe zu verbreiten, an sich zieht. Andere umschließen die Beete zwar auch mit dem Buchsbaum, aber nicht mit der immergrünen Art. Wie mir scheint, kommt so die Schönheit des Gartens aber nicht zur Geltung. Das Schlimmste wäre, sie mit Thymian, Eberraute, Salbei oder anderen duftenden Kräutern einzufassen. Einige nämlich, die eine kurze Lebensdauer haben, würden dadurch, daß sie dann ungleichmäßig wieder hervorsprössen, die ganze schöne Ordnung des Gartens zerstören, und die »größte Schönheit liegt in der Vollkommenheit der Symmetrie...« Die Vorschriften Claricis kann man noch heute in einigen Gärten wiedererkennen, z. B. im Palazzo Bernardo, heute Lucheschi, in San Barnaba am Canal Grande. Der Garten hat ausgedehnte symmetrische Beete länglicher Form, die von Zwergbuchsbaum eingefaßt und mit Rosen in allen Farben bepflanzt sind; außerdem sind sie in streng geometrischer Manier um ein rundes zentrales Beet mit der höchsten Palme Venedigs angeordnet. Der Garten steigt

* Plural von *ajetta* = kleines Beet oder – im modernen Italienisch ungebräuchlich – *vanezza* bedeutet dasselbe im Venezianischen / A. d. Ü.

Seminario Patriarcale.
Zwischen 1600 und 1800 war die Zahl der venezianischen Gärten so hoch, daß man allein in Venedig mehr botanische Gärten zählte als in ganz Italien.

Von oben entdeckt man die verborgensten und am schwersten zugänglichen Gärten.
Seiten 66/67: Die venezianischen Gärten sind nicht nur zwischen den Häusern versteckt, aber solche am Canal Grande sind selten.

VEDVTA DEL CASINO ZANNE SOPRA IL GIARDINO ·

ALTRA PARTE DEL PALAZZO ZENOBIO

zum Ende hin sanft an, wo dichter Baumbestand ein Haus verdeckt und wie ein Bühnenhintergrund wirkt. Längs der Umfassungsmauern stehen Sträucher von verschiedener Intensität des Grüns. Man greift häufiger auf Wasserspiele, auf Springbrunnen und – auf der Suche nach seltenen, seltsamen und exotischen Pflanzen – auf Kunstgärtnerei in den bizarrsten Formen zurück. Im achtzehnten Jahrhundert ändert sich der Geschmack. Der Garten hat zunehmend spielerische Funktion. In dem des achtzehnten Jahrhunderts gibt es die Scheinkulissen, Scheinbühnen, kunstvoll geschnittene Hecken, Groteskmalereien, Statuen, die die Szene bevölkern, die Spielkasinos, Orte des Vergnügens und der gepflegten Unterhaltung, sowie die Bibliotheken. Ca' Zenobio, bei den Carmini, von Gaspari erbaut, erstreckt sich mit zwei Seitenflügeln zum Garten hin, ein in Venedig seltener Fall. Ein Druck Carlevarijs zeigt uns das *parterre* des schönen Gartens, das in Blumenmotiven gehalten ist wie ein höchst kostbarer Fußboden aus polychromem Marmor, an den zwei Seiten durch Gruppen von Statuen geschmückt und von hohen Mauern geschützt. Ein elegantes Gitter, das die beiden Gebäudeflügel verbindet, trennt den Hof vom Garten. Gitter, Hof und Palazzo sind auch heute noch vorhanden, der Garten aber ist in seiner Anlage verändert. Anstelle der Blumenarabeske findet man Rasenbeete mit Pittosporumsträuchern, Tischen und Bänken. Ein späterer Bau, ein Werk Temanzas (1767), der als Bibliothek diente, schließt den Garten ab.
Ebenfalls im achtzehnten Jahrhundert bildeten im Palazzo Zane, am Rio Marin, ein *casin* und eine Bibliothek nach dem Entwurf Gasparis den Hintergrund eines solchen Gartens. Auch in diesem Fall ist ein Druck Carlevarijs erhalten, der deren Vorhandensein belegt. Der Garten ist streng geometrisch entworfen und in Rechtecke mit quadratischen Beeten unterteilt, in deren Mitte symmetrisch aufgestellte Statuen stehen. Es gibt keine Spur von Vegetation dort, aber die zwei Gärtner, die bei der Arbeit sind, der eine mit der Schubkarre und der andere, der sich zur Erde beugt, lassen daran denken, daß der Garten im Entstehen ist. Rechts bildet eine Steineinfassung ein langes, höherliegendes Beet, und längs der Mauer ist ein Lattengerüst für die gebrechlichen Kletterpflanzen bereit. Zwei große Hunde befinden sich im Hintergrund, während im Vordergrund zwei Personen über die Gestaltung des Gartens zu diskutieren scheinen.
Aus Carlevarijs Drucken ist auf der Naturbühne entlang dem Canal Grande, der Feststrecke par excellence, das Bedürfnis der Selbstdarstellung immer gegenwärtig. Am Canal Grande gibt es formstrengere oder wildere Gärten. In einigen versucht man, die Starrheit des ursprünglichen Entwurfs beizubehalten, in anderen läßt man, wenngleich immer unter der Kontrolle eines ausgezeichneten Gärtners, der Natur ihren Lauf. Wenn man vom *Bacino* (di San Marco) her kommt, verdeckt linkerhand der weiße, niedrige Bau der Ca' Venier dei Leoni, bekannter unter dem Begriff »Fondazione Guggenheim«, das reiche und überaus üppige Grün des Gartens, das scheinbar unkontrolliert hinter dem Gebäude wuchert. Durch das Gitter

Die Drucke Carlevarijs zeigen das in Blumen-Motiven gehaltene parterre *des Gartens sowie die geometrische Strenge der Gärten dieser Epoche.*

Bennati-Garten.
Manchmal ist noch das althergebrachte Bestreben zu erkennen, den Garten in einen repräsentativen und einen privaten Bereich zu unterteilen.

hindurch sieht man un-
deutlich den *Engel der
Stadt* von Marino Marini.
Im rautenförmig gepfla-
sterten Garten laden ein
Thronsessel, ein efeube-
wachsener *gazebo* und
Steinbänke zum Gespräch ein. Skulpturen von Giaco-
metti, Arp, Moore, Armitage, Paolozzi, De Kooning,
Chadwick, Ernst und Gonzales greifen, in moderner
Verschlüsselung, das Thema der Ausschmückung als
Selbstverherrlichung wieder auf. Große Terrrakotta-
Töpfe mit Margueriten und weißen Petunien sowie Putten
schmücken die Terrasse. Weiter vorn in San Vio, im
Garten des Palazzo Balbi Valier, rahmt der Bogen des
Gitters vier symmetrische von schmalen Kiesalleen ge-
trennte Beete roter Rosen ein; ein Judasbaum über dem
Wasser kündigt jedes Jahr mit seinen violetten Farben den
Frühling an. Die große Roßkastanie wirft ihren Schatten
auf eine gepflasterte Ruhezone. Oleander und amerikanischer Wein umgeben die Mauern und die kleine Loggia des
Palazzo Polignac. Jenseits der kleinen, von Pittosporum
und Lorbeerbäumen geschützten Mauer liegt der verborgene Garten mit Azaleen, Hortensien, Forsythien und
Hyazinthen. Gegenüber von Ca' Corner della Regina in
San Stae ist über die unzähligen herrlich bunten Blumen
hinaus der Levi-Morenos-Garten wegen seiner Rücksicht
gegenüber der Natur interessant, der man ihre Freiheit
gelassen hat; sie wird nur von einigen klugen Kunstgriffen
bei der Anordnung der Pflanzen gezügelt, die dem Garten
einen natürlichen, lebendigen Charakter verleihen. Ein

reichverziertes schmiedeeisernes Geländer begleitet
die Wendeltreppe, die zum
einzigen Aussichtspunkt
auf den Canal Grande
führt. E. V. Lucas sprach
schon 1914 in *A Wanderer
in Venice* von ihm und beschrieb jene spezifischen Eigenschaften, die ihn bis heute zu einem nicht alltäglichen
Garten machen: »...dann ein schönes Haus mit einem
verworrenen Garten mit einer im Frühling veilchenblauen
Glyzinie und roten Judasbäumen, dann der Rio San
Felice.« Weiter in Richtung Bahnhof trifft man auf den
historisch vielleicht wichtigsten Garten. Martinoni
spricht vom Grimani-Garten, heute Vendramin Calergi,
und beschreibt ihn als wegen der Seltenheit der Arten und
der ausnehmend schönen Lage bemerkenswert, »ist er
doch über dem Canal Grande angepflanzt«.

AUSSCHMÜCKUNG. Renommierte Stätten auszuschmük-
ken und kostbarer zu machen, diejenigen, die weniger
besucht, aber gleichwohl von Bedeutung sind, ist ein
»Leitmotiv«, dem sich kein Einwohner, ob mehr oder
weniger vermögend, je entzogen hat. Auch die Natur,
Blumen, Bäume, werden wie Zierat behandelt. Im Garten
mehren sich die Schmuckgegenstände, seien es nun Statuen oder eine besondere Gattung Rosen. Der Garten
selbst kann in seiner Gesamtheit als Zierde des Hauses
angesehen werden, er verleiht ihm Wärme, angenehme
Kühle, und je nach den Jahreszeiten absorbiert oder bricht
er das Licht. Das Grün, das über Balustraden, kleine

Ca' Zenobio.
*Eine Gesellschaft, die wie die venezianische auf der eigenen
Verherrlichung fußte, mußte notwendigerweise Gärten
besitzen, die die Familien würdig repräsentierten.*

Garten des ehemaligen Palazzo Murosini »del Giardin«.
*Eine von Glyzinien überwachsene Zement-Treppe führt in
einen als Gemüsegarten genutzten Bereich.*

Mauern und Gitter quillt, schmückt und belebt das bedeutendste wie das kleinste Bauwerk. Einst gab es in Venedig auch hängende Gärten. Martinoni erzählt uns von einem solchen im Haus von Simon Santo in San Gregorio. Er hatte eine Landschaft vorbereitet, indem er eigenhändig einen mehrteiligen Aufbau schuf, den er auf einer weitläufigen Terrasse aufstellte. Es handelte sich um große Räume, die, obwohl auf dem Dach befindlich, einen Wasserlauf sowie künstliche Berge nachbildeten. Man kann sich die Schwierigkeiten vorstellen, die es einerseits bei der hydraulischen Planung und andererseits bei der Abdichtung gab, insbesondere in früheren Zeiten. Eine äußerst sorgfältige und offensichtlich kostspielige Ingenieursarbeit. Doch für die Venezianer war kein Hindernis unüberwindlich, im Gegenteil: das Gefallen daran, ein kühnes Unterfangen zur ästhetischen Verbesserung der eigenen Wohnstätte zu verwirklichen, war ein unverzichtbares Stimulans. Als hängender Garten kann heute die kleine rasenbestandene Fläche angesehen werden, die mit Wein bewachsen und von Kletterrosen, Oleandern und Geranien umgeben ist; ihn hat Alberta Foscari auf dem Dach eines Hauses aus dem achtzehnten Jahrhundert am Campo San Maurizio gestaltet. Der bezeichnendste Fall in Venedig ist der einer Familie Morosini, der man den

Spitznamen »del Giardin«* gegeben hatte, so eindrucksvoll war der an das Haus angrenzende Garten. Der berühmte Garten besteht nicht mehr, der Ort ist vollkommen umgewandelt, jetzt gibt es dort ein von Dominikanerinnen geführtes Altersheim für Frauen. Der kleine palladianische, am Kanal gelegene Palazzo wird durch eine Fläche ersetzt, die teils Zier-, teils Nutzgarten ist; vielleicht ist die Tür, die sich auf den *Rio* öffnet, noch die des alten *casin*, denn sie hat eine bestimmte Vornehmheit in den Proportionen. Wenn man durch die Haustür auf der Calle Valmarana eintritt, führt eine Vorhalle in den Garten; in der Türachse führt in gerader Linie ein von einem gebogenen *berceau* mit weißen Rosen bewachsener Durchgang zu einer Grotte, die ihrerseits mit weißen Rosen bewachsen ist und in der ein Madonnenbildnis aufbewahrt wird. Rechts vom *berceau* eine Reihe von Gemüsebeeten, zu seiner Linken, entlang der Mauer des Gebäudes, das dort, wo der Garten lag, errichtet wurde, lassen zwei bossierte Fenster die Wiederverwendung einiger Originalteile vermuten. In einem langen, engen Beet stehen, an die in vollem Sonnenlicht stehende Mauer gelehnt, die Kräuter, die man in der Küche »Würzkräu-

* »del Giardin«: etwa »die mit dem Garten«. / A. d. Ü.

Blumenschmuck aus Schmiedeeisen wie in der Ca' Zenobio und aus Mörtel wie im Battistello-Garten ahmen die Natur nach und halten gleichsam ihren Lauf an, um daran zu erinnern, daß der Mensch das vermag, was die Natur nicht kann.

ter« nennt: Rosmarin, Salbei, Majoran, verschiedene Arten von Thymian, Basilikum, sowie ein Teppich von Petersilie. Am Ende dieses Gebäudes führt eine glyzinienumwachsene Treppe, die zwar aus Zement, aber trotzdem hübsch ist, in einen quadratischen, mit Tomaten bepflanzten Bereich. Erdbeertraubenbehangene Pergolen schützen die Wege und die Geräteecke vor der Sonne. In der Mitte eines runden Gänseblümchenbeetes erhebt sich ein schneeweißer fliegender Engel. Der Versuch, diesen Ort so rekonstruieren zu wollen, wie er war, erfordert eine große Anstrengung der Phantasie. Die Bedeutung des Gartens war derart, daß Historiker aller Zeiten nicht umhin konnten, ihn als Ausnahmefall zu bezeichnen. Der Garten der Morosini »del Giardin« wurde von einem langen, schmalen Bau aus dem sechzehnten Jahrhundert begrenzt, dem *casin*, der zum Rio de San Canciano hin lag, und von einem größeren, zur Calle Valmarana hin gelegenen Bau aus dem siebzehnten Jahrhundert. Der erste, der davon spricht, ist Francesco Sansovino.* Er beginnt die Aufzählung der Gärten gerade mit diesem, wobei er ihn als die perfekte Verwirklichung des idealen Gartens erklärt, sei es wegen der Seltenheit und Verschiedenartigkeit der Pflanzen, sei es wegen der Schönheiten von Architektur, Statuen und Gemälden. Ridolfi berichtet 1648 in der *Vita di Paolo Veronese*, daß der Künstler für Francesco Erizzo,

den ersten Eigentümer, antike Architekturen und Landschaftsszenen im Portikus des Palazzo in San Canciano gemalt hatte, und schreibt den Entwurf dafür zunächst Andrea Palladio zu; für eine Arbeit Veroneses hält er auch eine Marsstatue aus Stuck, in der er die Hand des Malers wiedererkennt, während er die anderen Statuen mit Sicherheit Alessandro Vittoria zuschreibt. Außerdem informiert er darüber, daß sich der Palazzo bereits im Besitz der Morosini befindet. Im Jahre 1660 ist Marco Boschini* in seiner *Carta del navigar pitoresco* derart von einer von der Natur geschaffenen Skulptur in diesem Garten beeindruckt, daß er sie mit folgenden Worten beschreibt: »Es gibt dort in der Ca' Morosini in Patriarcado mehrere Figuren in den Wurzeln eines Nußbaums, von der Natur geschnitzt, ja gemalt, und in höchstem Grade schön. Man kann gewisse außergewöhnliche Köpfe sehen, die man mit dem Pinsel nicht schöner machen kann; es sind Flecken, aber glaube mir, daß es anmutige Launenhaftigkeiten sind.« Cicogna**, der einen allgemeinen Zustand des Verfalls beklagt, berichtet unter dem Datum des 21. April 1829 in seinen Tagebüchern vom Transport einiger antiker Statuen vom Palazzo Morosini von San Canciano zum Palazzo

---

* Francesco Sansovino (1527–1583, Schriftsteller, vor allem bekannt durch ein enzyklopädisches Werk über Venedig / A. d. Ü.

* Marco Boschini (1613–1678), Maler, Graveur, Handschriftenmaler und Schriftsteller aus Venedig; schrieb in Versen und in Prosa über die Lagunenstadt. Bei dem Zitat handelt es sich im Original um 8 Verse in veneziniaschem Dialekt / A. d. Ü.
** E. Antonio Cicogna (1789–1868) aus Venedig; schrieb über seine Vaterstadt.

»Und dort am Ende des kleinen Platzes ... verstümmelte Statuen, auf deren Gliedern verdorrte Efeuzweige wie plastische Adern wirkten.«
D'Annunzio, Il fuoco', S. 318.

Seiten 74/75: *Palazzo Cappello. Kopien römischer Statuen.*
Seiten 76/77: *Garten der Soccorso-Ordensschwestern.*

F. Sansovino
*Venetia città
nobilissima*
S. 369

Morosini-Gattemburg von Santo Stefano, wobei er die Zerstörung eines verfallenden palladianischen Bauwerks beklagt. Vielleicht ist das schöne Geländer aus dem sechzehnten Jahrhundert, das auf dem Campiello* Valmarana zu sehen ist, alles, was uns von dem kleinen Palazzo bleibt, den Ridolfi Palladio zuschrieb. In bezug auf die Gärten als Zierde eines jeden Palazzo liefert uns übrigens Martinoni eine Aufstellung, die mehr den Charakter einer Inventarliste hat... Wir zitieren nur einen Teil daraus: »...der der Savorgnan groß und entzückend und der der Sorian mit schönen, einzigartigen Pflanzen... in (Santa) Croce ist der des Sekretärs Businelli auserlesen. Der von Pietro Zaghis ist ganz mit Blumen bepflanzt, doch seltenen und einzigartigen, gibt es doch welche aus China und anderen fernen Ländern. In Carmini der von Luigi Foscarini, Prokurator von San Marco, der der Donati, der von Monsignor Cornaro, Bischof von Padua. Der von Agostino Barbarigo im Viertel Angelo Raffaele, wo am Eingang ein Stein mit eingravierten Goldbuchstaben an den Besuch Maximilians II., Königs von Polen, 1592 erinnert, in Gesuati der der Bianchini, der sehr schön ist...« Es ist die Epoche der Gemälde Arcimboldos, der phantasievollsten wissenschaftlichen Entdeckungen, der besessenen Studien über die miß- und nachgebildete Gestalt der Objekte und Personen. Martinoni erinnert daran, daß

* häufige Bezeichnung für kleine Plätze in Venedig / A. d. Ü.

Tizian, der dort in der Nähe wohnte, ein Fresko des das Himmelsgewölbe tragenden Herakles malte, das er für eines seiner ersten Werke hält. Dann berichtet er, daß ein Teil des Gartens in einen ziegelsteingepflasterten und mit Streifen aus weißem Marmor unterteilten Hof umgewandelt wurde. Oft nehmen der Palazzo oder das Haus die Natur zum Vorbild, um sich zu schmücken. Die Architektur ahmt die Natur nicht nur in den Strukturen, sondern auch in den Kunstgriffen nach, dem Dekor aus Seide oder Stein, oder einfachen Malereien auf Innenwänden, die neben einem Grünbereich liegen; auf diese Weise verlängert sie dessen Atmosphäre mit denselben Farben und denselben Formen wie draußen. Es herrscht ein Austausch zwischen den verschiedenen dekorativen Elementen: Gruppen von Blumen, Rosen-*berceaux*, Kletterefeu und Zypressen werden häufig mit derselben Geschicklichkeit der Planung bedacht wie die Statuen oder *gazebos*. Der Battistello-Garten bei den Carmini ist ein großes Rechteck, von Mauern gegen die Calle dei Ragusei abgeschlossen, die ihn von den Überresten des berühmten Foscarini-Gartens bei den Carmini trennt. Der dem Haus nächstgelegene Teil des Gartens ist mit Steinen gepflastert und weist einen rechteckigen massiven Marmortisch auf, der von einem ebenfalls rechteckigen *berceau* geschützt wird. Zwei Pfeiler in istrischem Stein bilden zur Linken den Eingang zu einem gepflasterten Durchgang, der bis zur Mauer am Ende weiterführt. Den gesamten übrigen

Francesco Guardi.
Garten des Palazzo Contarini dal Zaffo im Misericordia-Viertel.
*Im sechzehnten Jahrhundert hielt man hier kulturelle
Versammlungen ab, heute findet er Verwendung als Altenheim.*

Barnabò-Garten.
*Die kürzliche Restaurierung der Balustrade und die Sorgfalt,
mit der er gepflegt wird, machen ihn zu einer Augenweide.*

Raum nimmt eine große rechteckige Rasenfläche ein. An der Wand rechts ein steinerner Behälter mit Sonnenblumen.

In Konkurrenz zur geplanten Natur ahmen Manufakturen in möglichst vollkommener Manier die Natur in Zement oder Schmiedeeisen nach. Welcher Wunsch ist die Triebfeder dafür, einen Garten mit einem von niemals welkenden Blumen überfließenden Gefäß aus Zement oder Stein zu schmücken? Die Schönheit der knospenden Blumen, noch vor ihrem Erblühen und ihrem Welken, bleibt für immer, um daran zu erinnern, daß der Mensch mit seinen Werken das vermag, was die Natur nicht kann. Frauen und Männer, nackt und halbnackt, um ihre alterslose göttliche Natur zu beweisen, bieten sich dem Besucher in unwandelbarer Pose dar. Der Garten des Palazzo Cappello-Malipiero blickt mit einer weißen Balustrade aus istrischem Stein auf den Canal Grande in San Samuele. Die derzeitigen Besitzer, die Familie Barnabò, hat den Garten, wie wir ihn heute sehen, in den dreißiger Jahren angelegt. Zum Canale hin, in der Mitte großer geometrisch geformter Beete, die von Zwergbuchsbaum gesäumt und mit Rosen in allen Farben bepflanzt sind, befindet sich der Renaissance-Brunnen mit dem Porträt und dem Wappen einer jungen Frau aus der Familie der Cappello. Statuen aus dem achtzehnten Jahrhundert, wahrscheinlich von Bonazza, die man aus einem Garten vom Festland hierhergebracht hat, bereichern den Raum. Zwei weibliche Figuren blicken, den Brunnen flankierend, auf den Canal Grande. Im hinteren Teil des Gartens sind vier Statuen, die die vier Jahreszeiten darstellen, an den vier Ecken eines Springbrunnens aufgestellt, in dem eine Putte einen Delphin umarmt, der das Wasser hervorsprudeln läßt. Ein großes Nymphäum mit einer Poseidonstatue umfaßt ein halbkreisförmiges Becken. Das Gitter, das auf einer Seite von Herakles und Antaios und auf der anderen von Ganymed und Zeus bewacht wird, bildet den Zugang zu einer gepflasterten quadratischen Fläche, die sich zum Hausflur des Palazzo verlängert. Dieser Garten ist der jüngste Ausdruck desselben dekorativen und archaisierenden Geschmacks, der schon immer in Venedig herrschte. Heroen, mythologische Figuren und Götter, griechische und römische Mythen zeigen mit der großen Anzahl Statuen und mit ihrer, gemessen an dem in Venedig verfügbaren spärlichen Raum, übergroßen Fülle erneut die Symbole des eigenen *status*. Die Pflanzen wechseln mit den Jahreszeiten, den Lichtern, den Schatten, und auch mit der Art, das Haus selbst zu schmücken. Die Jahreszeiten, die Tage mit ihrem gleichmäßigen, rhythmischen Ablauf formen alles um, was nicht Stein ist. »Der Nachmittag neigt sich seinem Ende zu. Der Wind macht keinen Schaum mehr. Die neuen Blätter atmen und hoffen, die alten sinnen nach und erinnern sich. Ein

G. D'Annunzio
Notturno
S. 236

Die wichtigsten Palazzi am Canal Grande haben einen Durchgang, der von der Haustür an der Wasser- oder Landseite in den Garten führt. Die Statuen am Eingang kennzeichnen diesen Weg zum Freiluft-Bereich und heben seine Bedeutung hervor.

breites Blühen von Glyzinien, das die ganze Mauer bis zum Dach bedeckt, indem es sich von einem Baumstumpf, einem Knoten von Seilen ähnlich, entfernt.« In einem frenetischen Austausch von Leben und Tod, von Natur und Stein, spürt D'Annunzio den Widerspruch, der in der Natur wie ein Schmuck inbegriffen ist: »Mit ihrer kindlichen Anmut nimmt Sirenetta mich im Rausch bei der Hand, zieht mich zu einem auf hohem Stiel gezogenen Rosenstock und sagt zu mir: – Schau diese kleine Rose – Geheimnis eines Wortes, das aus einem Mädchen und einem Rosenstock ein und dieselbe Kreatur machen kann! Während sie den Stiel zwischen Ring- und Mittelfinger hält, scheint die kleine Rose wie am Anfang einer frühlingshaften Metamorphose in der Höhlung ihrer Hand entstanden.«

Eins der seltenen Bilder von wiedererkennbaren Gärten, das uns erhalten ist, ist die Zeichnung von Francesco Guardi (Ashmolean Museum, Oxford), die die Ansicht des Gartens Contarini dal Zaffo im Misericordia-Viertel im Jahre 1780 festhält. Der Garten im Vordergrund füllt ungefähr die Hälfte des Blattes und läßt dem von Herbstlicht durchsichtigen Himmel viel Raum; er wird auf der linken Seite vom Casino degli Spiriti eingerahmt, das jenseits eines Wasserspiegels undeutlich die Insel von San Cristoforo erkennen läßt. Der gewaltige Bau des *casino*, der noch heute erkennbar ist, setzt sich in der Wand der Häuser jenseits der Sacca della Misericordia fort, zu der auf der rechten Seite der Palazzo Contarini ein Gegengewicht bildet. Links, in Richtung der Lagune, ist die durchgehende Mauer von einer Reihe Bäume verborgen, die Pappeln, kleine Zypressen und Hainbuchen sein könnten. Am Ende des Gartens trennt eine mit Kletterpflanzen bewachsene Loggia den im Vordergrund schön gezeichneten Garten von einem anderen, kleineren, den man durch die Laubenbögen hindurch ahnt. Die Bäume dieses intimeren, beinahe verborgenen Bereichs ragen empor und dienen als Schutz gegen die Häuser jenseits der *sacca*. Ein elegantes schmiedeeisernes Gitter, in einer Achse mit der Gartenmitte, bildet den Eingang zu diesem verborgenen Garten. Den Mittelteil des Palazzo Contarini, dessen Fassade teilweise von einer dichten Vegetation verborgen wird, dominiert ein hohes Portal im Stil Sanmichelis.* Der

G. D'Annunzio
Notturno
S. 234

* Michele Sanmicheli: (1484–1559) Architekt / A. d. Ü.

»*Stück eines Geländers aus dem zerstörten Palazzo Morosini del Giardin in Canareggio, wahrscheinlich eine Balustrade des kleinen Palazzo.*«
Bassi, Palazzi de Venezia, S. 276.

rechteckige ebene Garten, von gedrängtem geometrischem Entwurf, ist außer durch die Mauer durch die dichte Masse der Bäume rundherum gänzlich vor indiskreten Blicken wie vor dem Nordwind, der *tramontana,* geschützt. Vier kleine sich kreuzende Alleen laufen in einem Kreis in der Mitte zusammen, wo sich drei Personen angeregt unterhalten. Die mit feinem Kies bedeckten Alleen werden von langen Beeten begrenzt, die von Durchgängen unterbrochen und mit einem Band von Zwergbuchsbaum gesäumt werden. Hier und da Rosensträucher in reizvoller Unordnung. Die vier Rechtecke sind ihrerseits in ebenso viele Rasenbeete unterteilt, in deren Mitte Töpfe mit Zitronen, Orangen oder Zedern stehen. Die Zeichnung berücksichtigt die von Clarici in seinem Traktat von 1726 vorgeschlagenen Muster. Auf dem Stadtplan Lodovico Ughis von 1729 kann man diesen Garten erkennen; das Casino degli Spiriti ist vorhanden, doch es fehlt die Loggia, und der verborgene Garten und die Bäume sind nicht eingezeichnet. Dieser Garten und das *casin* waren schon im sechzehnten Jahrhundert berühmt. Dort hielten die »Schöngeister« der Epoche ihre Zusammenkünfte ab, unter ihnen Aretino, Sansovino und Tizian. Heute beherbergen Palazzo und Garten ein Altenheim. Vorhanden sind noch das *casin* und die Loggien. Die Gärten verwildern immer mehr, die ungepflegte Natur gewinnt, von einigen Ausnahmen abgesehen, die Oberhand über die Verzierung, so daß sie den von

D'Annunzio 1916 beschriebenen verwilderten Flächen ähneln: »Ein wilder Reichtum. Haufenweise Blumen, bündelweise Kräuter. Rosenstöcke sind mit Gemüsefeldern vermischt. Die ausgeschnittenen Blätter der Artischocke durcheinander mit den konrinthischen des Akanthus. Ein violetter Bogen herabhängender Klematis, leichter als ein Schwarm, längs des Mauerwerks, wo die Blaukohlköpfe dick werden, die taubenetzt vom Mond scheinen, sie alle Blätter rund um das Herz, das einer blauen Rose ähnelt, die vom Frost verschlossen und verhärtet ist. Hohe Oleander, nicht Büsche, sondern Bäume, wie an den Stränden des Tyrrhenischen Meeres. Streifen von Schwertlilien wie auf der Spitze einer Mauer eines Gutes in Fiesole: Flecken von Klatschmohn wie an einer Straßenböschung in Latium. Die Weinrebe und ihre frischen Ranken, ein wenig säuerlich im Geschmack; der Johannisbeerstrauch und seine Träubchen von glänzendem Glas, der Feigenbaum und seine großen Blüten, hell wie die Äderungen seiner vom Wind umgedrehten Blätter; der Pflaumenbaum und, zwischen seinen noch unreifen Pflaumen; die eine oder andere, die schon honiggelb ist.

Auf einer kleinen, abseitsgelegenen Wiese Kirschbäume, beladen mit Sauer- und Weichselkirschen und die groben, gegen den Stamm gelehnten Leitern, um die roten Bündel zu pflücken, die an mit diesen saftigen Korallen geschmückte Kinderohren denken lassen.«

G. D'Annunzio
*La Leda
senza eigno*
S. 148

METAMORPHOSE DER STADT

»Mit ihrer kindlichen Anmut nimmt Sirenetta mich im Rausch bei der Hand,
zieht mich zu einem hochgezogenen Rosenstock und sagt zu mir: ›Schau, diese kleine Rose!‹ . . .
Während sie den Stiel zwischen Ring- und Mittelfinger hält, scheint die kleine
Rose wie zu Anfang einer frühlingshaften Metamorphose in der Höhlung ihrer Hand entstanden.«
D'Annunzio, Notturno, S. 236.

HEILKRÄUTER. Die Heilpflanzen, die die venezianischen Kaufleute bei der Rückkehr von ihren Reisen in die Heimat mitbrachten, wurden zusammen mit den Exoten- und Zierpflanzen in einer den orientalischen Bedingungen angepaßten Umgebung gezogen. Eine unkontrollierbare Vielfalt von Saatgut kam zusammen mit all den Gewürzen, der Erde und dem Marmorgestein an, mit denen die Schiffe beladen waren. Im sechzehnten Jahrhundert werden Venedig und Wien zu Handelszentren für Blumenneuheiten. Die Botanik kann in Europa nie zuvor gesehene Zierpflanzen studieren. Gleichwohl ist es schwierig, irgendeine botanische Entdeckung aus weit zurückliegender Zeit mit absoluter Sicherheit einem Datum oder einem Namen zuzuordnen. Aus einem Dokument des Piovego (das offizielle Organ Venedigs, das sich um Streitigkeiten auf dem Territorium der Lagune kümmerte), wissen wir, daß schon 1330 der Arzt Gualtieri das Recht erhielt, die Landspitze von Sant' Elena »pro erbis necessariis arti suae«* zu bebauen und eine regelrechte Plantage für Heilpflanzen anzulegen. »So lag denn in dieser Konzession und in dieser Gartenanlage der Ursprung der modernen botanischen Gärten, den man ebenfalls Venedig verdankt…«

R. De Visiani *Delle bene- merenze* S. 17

Die botanischen Gärten Venedigs waren zahlreich, aber von den ältesten weiß man wenig. Von De Visiani erfahren wir, daß die Zahl der venezianischen Gärten zwischen 1600 und 1800 so hoch war, daß man allein in Venedig mehr botanische Gärten zählte als in ganz Italien. Die medizinische Fakultät der Universität Padua konnte sich

der Heilpflanzen bedienen, die im nahen, 1545 gegründeten Botanischen Garten, gezogen wurden, zu dessen Verwirklichung die Venezianer Antonio Michiel und Daniele Barbaro beitrugen. Michiel war der Besitzer das für seine exotischen Pflanzen bekannten Gartens in San Trovaso. In jener Zeit konnte man in Venedig über antike botanische Texte von Discorides bis Theophrast sowie die des Plinius verfügen, ferner über unzählige Sammlungen von Kräutern, von denen unter anderem in der Marciana-Bibliothek der Kodex Benedetto Rinios mit dem Titel *Das Buch der Heilkräuter* aus dem Jahre 1415 aufbewahrt wird, in dem in verschiedenen Sprachen und mit Illustrationen von Andrea Amadio 443 Pflanzen katalogisiert sind. Außerdem befinden sich dort die fünf Bücher von Antonio Michiel, die von Domenico delle Greche (1555–1576) illustriert und der Herzogin Loredana Mocenigo Marcello gewidmet sind, einer gebildeten Frau und Botanikexpertin, die den größten Teil ihrer Zeit in ihrem Garten auf der Landspitze der Giudecca verbrachte. Marin Sanudo berichtet in seinen Tagebüchern, daß am 29. Mai 1520 Andrea Dandolo, der Prior der Compagnia della Calza degli Immortali in seinem Garten auf der Giudecca ein Abendessen »in höfischer Manier mit Tanz« veranstaltet, um den Eintritt Federico Gonzagas, des Herzogs von Mantua, zu feiern. Neben dem Palazzo Dandolo befanden sich der Palazzo Nani, Sitz der Accademia dei Nobili e di Botanica, sowie der Mocenigo-Marcello-Garten. Auf dem von diesen Palazzi und der Kirche San Giovanni eingenommenen Areal finden wir heute das Hotel Cipriani, dessen Zier- und Gemüsegärten genau dieselben sind, die Sanudo erwähnt. Ein junger steinerner Poseidon,

* »…für Kräuter, die für die (ärztliche) Kunst notwendig sind« / A. d. Ü.

Seiten 86/87: Sitzgelegenheiten im Garten des Hotels Cipriani auf der Giudecca. Auf diesem Areal legte man im 16. Jahrhundert die botanischen Gärten der Herzogin Loredana Mocenigo Marcello an, der Antonio Michiel seine Bücher über Botanik widmete.

in der Mitte eines kreisrunden, von rosa Wasserrosen bedeckten Beckens, das zwischen Pfingstrosensträuchern, Azaleen und Hortensien eingebettet ist, empfängt die Besucher, die vom Wasser her unter einer Pergola von Glyzinien ankommen. Ein zweiter, privaterer großer Grünbereich, in dem das Schwimmbecken liegt, ist von Zypressen, Granatapfelbäumen, Hängeahorn, Lavendelsträuchern, Kamelien und großen Blumentöpfen mit Margeriten umgeben, die dem Ort eine behagliche und ruhige Atmosphäre verleihen. Jenseits des Hauses gibt es eine Reihe weniger zugänglicher Räume, die sich nur nach und nach erschließen. Wenn man – durch ein engmaschiges schmiedeeisernes Gitter – den Speisesaal durchquert hat, kommt man zu einem Bereich mit Blick auf die Lagune in Richtung der Insel della Grazia, der von einer grünen Mauer glänzenden Efeus geschützt wird, auf dem rote Bakkarat-Rosen hervorstechen. Eine Wiese fällt sanft zu den Tennisplätzen hin ab, die eine Hecke und ein mit Kletterpflanzen bewachsenes Drahtnetz schützt und verbirgt.

Zur Rechten werden zwei steinerne, auf seltsamen Sphingen – einem in venezianischen Gärten wiederkehrenden Motiv – ruhende Steinbänke von einer Gruppe großer kanadischer Pappeln beschattet, die derart verteilt stehen, daß sie die Illusion erwecken, es handele sich um einen unbegrenzten Raum. Tritt man aber in den kleinen Hain ein, der sich auf unregelmäßig abschüssigem Terrain erstreckt, bemerkt man, daß es kaum mehr als zwanzig

Bäume sind, die zudem die Reihen eines großen, sehr gepflegten, unerwarteten Weingartens den Blicken entziehen.

Die Maler, die zwischen dem fünfzehnten und sechzehnten Jahrhundert in Venedig tätig sind, die Bellini, Carpaccio, Cima da Conegliano und Crivelli, malen die in den Gärten wachsende Natur mit äußerster Genauigkeit und beweisen dabei, daß sie exotische und seltene Pflanzen kennen. Auf Cima da Coneglianos Bild *Die Madonna und zwei Heilige* in der Accademia bemerkt man die Akelei und den Orangenbaum, auf dem *Toten Christus, von Engeln umgeben* von Cosmé Tura im Museum Correr erscheint die Orchidee, während Tintoretto auf dem *Martyrium des Heiligen Christophorus* in der Kirche Madonna dell'Orto die Chrysantheme gemalt hat. Unter den botanischen Gärten Venedigs erinnern wir an einen besonders reichhaltigen: »Dieser Garten gehörte dem berühmten Lorenzo Patarol, dem Urgroßvater mütterlicherseits des Grafen Francesco. In ihm zählt man ungefähr sechshundert Bäume und Sträucher im Freien, die fast alle exotisch, neuartig und selten sind, etwa einhundertachtzig der erlesensten Rosensorten, von denen etliche in den Gärten Italiens und vielleicht in vielen anderen des europäischen Kontinents unbekannt sind. Dort gibt es auch eine sehr bizarre Sammlung von Pflanzen mit gefleckten Blättern, die sehr umfangreich und in ihrer Art einzigartig ist, ferner viele Pflanzen vom Kap und aus Neuholland, abgesehen von vielen anderen perennierenden und knol-

G. B. Paganuzzi
Iconografie...
Taf. XVI

In der Nähe des Bahnhofs wird auch heute noch Melissenwasser hergestellt.

»Wo gibt es die schönsten Rosen?
Ohne Zweifel in Venedig ... entlang der ›laguna morta‹, auf
der anderen Seite der Giudecca.«
Vaudoyer, Les délices de l'Italie, S. *128.*

lentragenden, die entweder in Muttererde oder in Töpfe gepflanzt sind. Dieser Garten, an dessen Ende sich eine Loggia Palladios erhebt, von der aus man auf die Lagune blickt, wurde 1815 von Seiner Majestät Franz II. zu dessen großem Vergnügen besichtigt.« Jetzt ist von ihm noch ein Garten übrig, der sich der Länge nach in Richtung Lagune erstreckt und der die botanischen Arten, um deretwillen er berühmt war, gänzlich oder doch fast gänzlich verloren hat. Hat man den von feinem Kies bedeckten Teil nahe am Haus überquert, betritt man den eigentlichen Garten, der in zwei klar unterscheidbare Bereiche unterteilt ist. Der erste, auf den man stößt, ahmt mit künstlichen grasbestandenen Erhebungen, Felsen und hohen Laubbäumen das venezianische Hügelland nach. Auf einer der kleinen Erhebungen zur Linken, jenseits eines Bogens aus Backsteinen, liegt eine Zone der Ruhe, wo sicherlich Sitzbänke waren; es ist zu vermuten, daß hier in früherer Zeit esoterische oder ganz einfach meditative Begegnungen stattfanden. Zweifellos war es die Absicht, hier einen abgeschiedeneren Ort zu schaffen, an dem man diskutieren konnte, ohne daß andere mithörten. Die Dunkelheit des Gartens von Madonna dell' Orto sowie der gewundene Pfad steigern noch die Atmosphäre des Geheimnisvollen. Verläßt man die Gewundenheit der künstlichen Miniaturberge, erscheint der folgende Bereich als unvermittelt sonnig und offen: Es ist der alte, mit Weinstöcken

und Gemüse bepflanzte Nutzgarten; sicherlich waren auch Zierpflanzen neben den exotischen und den Heilkräutern vorhanden. Das Ganze ist reichhaltig und farbenprächtig. Im Hintergrund steht noch die von Paganuzzi erwähnte Loggia Palladios, die mit ihrem weiten Mittelbogen die Lagune umrahmt. Ein weiterer botanischer Garten in Cannaregio »war in alten Zeiten ein großer Weingarten der bekannten Observanten-Patres, von welchem diese einen Teil zweckentfremdet und einen für sich behalten hatten. Der Teil, den sie als botanischen Garten behielten, wurde nach der Abschaffung der Ordensgeistlichen im Jahre 1812 verkleinert, auf daß er den Studenten einer solchen Wissenschaft diente«. Der heute teilweise in Tennisplätze umgewandelte Garten bewahrt seinen kleinen Berg, der aber, gemessen an den ursprünglichen Ausmaßen, kleiner geworden ist, sowie einige herrliche Exemplare von Libanon- und Deodara-Zedern. Nochmals etwas zur Weite der Räume auf der Giudecca: »Gärten, Gärten, überall Gärten! Einst waren sie die schönsten der Welt, irdische Paradiese, wie Andrea Calmo sie nennt, der Poesie, der Musik und der Liebe geweiht. Sie erstreckten sich über eine von den Grenzmauern verwahrloster Gärten eingeschlossene Straße. Oben auf den Mauern, in den Ritzen zwischen den blutroten Backsteinen, zitterten gewisse seltsame Kräuter, lang und starr wie Finger. Die bronzefarbenen Lorbeerbäume hatten

G.B. Paganuzzi *Iconografie...* Taf. XVIII

G. D'Annunzio *Il fuoco* S. 425

Madonna dell' Orto in Cannaregio.
Hier lag einer der in der Vergangenheit berühmtesten botanischen Gärten.
Man zählte ungefähr einhundertachtzig der erlesensten Rosenarten, von denen
mehrere in den Gärten Italiens und vielleicht in vielen anderen Europas
unbekannt sind.
Paganuzzi, Iconografia delle trenta parrocchie di Venezia, Taf. XVI.

von der untergehenden Sonne vergoldete Wipfel ... mit seinen langen Laubengängen, den Zypressen, den Obstbäumen, mit seinen Lavendelhecken, den Oleandern, den Nelken, mit seinen Rosenstöcken wie Purpur und Krokus, wunderbar sanft und matt in den Farben der Auflösung, schien der Garten verloren am äußersten Ende der Lagune, auf einer von den Menschen vergessenen Insel, in Mazzorbo, in Torcello, in San Francesco del Deserto. Die Sonne umarmte und durchdrang ihn in jedem Teil, so daß es keine Schatten zu geben schien – so schwach waren diese. So große Ruhe lag in der Luft, daß die trockenen Weinblätter sich nicht von den Trieben entfernten. Obwohl sie alle abstarben, fiel kein Blatt.«

Die Umgebung Venedigs, ganz vom Wasser umschlossenes Land, sowie die Form der Anlage der Stadt selbst zeugen von komplexen Umweltbedingungen. Hier können Pflanzen gedeihen, die gewöhnlich in sehr viel wärmerer oder sehr viel kälterer Umgebung als der Venedigs wachsen. Die Winde bestimmen fühlbar den Wandel der Flora; die winterliche, von Nordosten kommende Bora und der Schirokko, der von Afrika kommt, üben entscheidenden Einfluß auf das venezianische Klima aus. Das zweite bedingende Element ist das Meer, weil es dadurch, daß es die Wärme festhält, die höchsten und die tiefsten Temperaturen um einen Monat verschiebt. Die tiefste Lufttemperatur hat man im Januar, die des Wassers im Februar, während die Höchsttemperatur für die Luft im Juli und für das Wasser im August liegt. »Venedig lebt demnach in einer einzigartigen bioklimatischen Lage, die man mit einer Spannungszone zwischen zwei Extremen gleichsetzen könnte, die sich im Wechsel der Zeit wandeln.« Die Einzäunungen, die kleinen Mauern und die Bretterzäune schützen die Vegetation, indem sie einen klimatischen Wandel schaffen, der häufig für das Überleben der Pflanzen unentbehrlich ist. Ein »Mosaik von Mikro-Klimata« ist der Ursprung für das gesamte Klima der Stadt, die, wie wir gesehen haben, in jeder ihrer kleinen oder großen eingefriedeten Bereiche von einem Extrem zum anderen, von schlimmer Kälte zu großer Hitze schwankt. Die Feuchtigkeit ist ein anderes wesentliches Element. Man kann beobachten, daß die an Hauswänden, auf Balkonen oder in verfallenden Steinen vorkommende Vegetation je nach der Höhe über dem Erdboden variiert. In der Untersuchung von Alessandro Marcello und Mario Padovan werden fünf Gärten von besonderer Eigenart aufgezählt und untersucht. 1. Der sogenannte »Mercante«-Garten, Fondamenta dei Furlani Nr. 3144, ein Beispiel eines alten Nutzgartens mit Obstbäumen und einem gepflasterten Bereich, der wahrscheinlich dazu diente, die Waren und das Obst in die Sonne zu legen. 2. Der Garten des Ordens der Malteserritter in Castello, Corte San Giovanni di Malta Nr. 3253, scheint

A. Marcello
I giardini di Venezia ...
S. 576

Rocca-Garten an den Zattere.
Die Hecke bietet mehr Schutz als eine kleine Mauer. Die Putten
schmücken viele Gärten, auch am Canal Grande und auf der
Giudecca.

in den Beeten Spuren des alten Orto dei Semplici aufzu-
weisen und hat Zierpflanzen neueren Datums. 3. Der
Gradenigo-Garten in Santa Croce, Calle Lunga Nr. 764,
in dem in der Nähe des Wohnhauses für die Küche
nützliche Pflanzen sowie Obstbäume gezogen werden. 4.
Der Venier-Garten in Cannaregio, Fondamenta Venier
Nr. 342, der unter besonderer Berücksichtigung seiner
Bewohnbarkeit geplant wurde, verbunden mit der Suche
nach »diskretem Schatten«, um sich von der übrigen Welt
zu isolieren. 5. Der Garten des Krankenhauses Umberto I
in Cannaregio, Fondamenta dei Riformati, in dem die
Pflanzen so verteilt sind, daß sie den Bettlägerigen Er-
leichterung bringen. Den wohltuenden Effekt erzielt man
dadurch, daß man umsichtigerweise auf der einen Seite
baumartige Gewächse anpflanzt, die den kalten Nordwind abhalten, auf der entgegengesetzten, geschützten
Südseite dagegen wohlriechende und duftende Bäume.
Ein krampflösendes und anregendes Medikament, das
noch heute von den Karmelitern hergestellt wird, ist das
Melissenwasser, das aus einem angenehm nach Zitrone
riechenden perennierenden Kraut gewonnen wird; man
macht einen Aufguß aus den zur Zeit ihrer Blüte gesam-
melten Blättern, die mit Gewürznelken, Muskatnuß,
Koriander und den Wurzeln von Engelwurz vermischt
werden. Es sind die Ordensbrüder der Scalzi, die die
Melisse anbauen; sie haben in der zweiten Hälfte des

vergangenen Jahrhunderts einen Teil des alten Nutzgartens zwischen der Kirche und dem Bahnhof zurückge-
kauft. Es ist ein großer Garten mit einer *cavana**, die sich
auf den Rio della Crea öffnet. Eine hohe Mauer und eine
Gasse trennen ihn vom Bahnhof, dessen Areal, wie man
auf dem Stadtplan Ughis sehen kann, einst Gärten einnahmen. Die lokalen Produkte waren sehr geschätzt, wie uns
Aretino mit seiner genießerischen Beschreibung des einheimischen Salates bezeugt: »Ich schaue, auf welche Art P. Aretino
ihr die Säure der Kräuter mit der Süße von jenen mildert. *Lettere*
Und es liegt nicht wenig Gelehrsamkeit darin zu wissen, Buch I,
wie man das Bittere und Scharfe einiger Blätter mit dem Nr. 217
weder bitteren noch scharfen Geschmack einiger anderer
abschwächt und dabei aus allen zusammen eine so zarte
Zusammenstellung macht, daß man sich daran sattessen
möchte. Die Blumen, die im zarten Grün so schöner und
so guter Appetitanreger verstreut stehen, verführen meine
Nase, sie zu beschnuppern, und meine Hand, davon zu
pflücken … eine Handvoll nicht herkömmlicher Kräuter,
sondern von wilder Zichorie zusammen mit Bergminze ist
wertvoller als noch so viel Lattich und Endivie. Ich staune
gewiß, warum sich die Dichter nicht allzu viele Mühe
geben, um das Loblied des Salates zu singen. Und man tut
den Mönchen und Nonnen großes Unrecht, wenn man

* Anlegeplatz für Gondeln / A.d..Ü.

*»Am nächsten Tag besichtigten wir gegen Abend jenen nach
Norden zu gelegenen Garten, der zwischen Madonna dell' Orto
und der Sacca della Misericordia liegt und von Tomaso Contarini,
dem Prokurator von San Marco, angelegt wurde. Er ist den Zimmern im Erdgeschoß eines Sommer-Palais' ähnlich.«*
D'Annunzio, La Leda senza cigno, S. 150.

*Löwe von San Marco im Garten D'Annunzios.
Seiten 94/95: Ein besonderer Garten ist derjenige der
Orsoni-Mosaikfertigung in der Nähe des Canale Cannaregio.
Der Freiluftbereich ist für das Mischen und Anrühren
der Farben unentbehrlich.*

ihn nicht lobt; denn erstere zwacken sich die Zeit von ihren Betstunden ab und verbringen sie damit, ihn von den Steinchen zu reinigen, und letztere verwenden, als wären sie seine Ammen, in schweißtreibender Arbeit ihre Zeit darauf, ihn zu wässern und zu pflegen...« Das Süßwasser mitten im Meer hat die Fremden immer gewundert. Das Wasser wurde in den Brunnen gesammelt, von denen es zwei Systeme gab: Die mit Quellwasser und die Zisternen, die das Regenwasser filterten. Sansovino beschreibt einen Typ von Brunnen, die das Regenwasser der umliegenden Häuser sammelten. »Um das Haus herum verlaufen die *gorne* oder *drocce*** aus lebendigem Stein, durch welche das Regenwasser über verborgene Rohre in die Brunnen fließt, wo es, von gröberen Teilchen gesäubert, den Menschen zur Wohltat wird... Man benutzt Zisternen, deren Wasser gesünder und besser verträglich ist als das harte fließende Wasser... Solcherart Brunnen oder Zisternen gibt es in der Stadt in großer Fülle, und zwar in öffentlicher wie in privater Hand.« Die Brunnen, von denen es, öffentliche und private zusammengenommen, mehr als sechstausend gab, wurden um das Jahr 1880 anläßlich der Fertigstellung des Aquädukts geschlossen. In der Calle Sporca delle Pazienze Nr. 2885 in San Barnaba, steht noch einer der seltenen Brunnen aus Backstein. Er liegt schattig in der Mitte einer Reihe von durch Mauern getrennten

F. Sansovino
Venetia città
nobilissima
S. 382

kleinen Gärten; das Regenwasser, das von den Dächern der Nachbarhäuser gesammelt wurde, gelangte durch kleine, oberhalb der Trennmauern angebrachte Rinnen zu ihm, die ganz geringes Gefälle hatten, damit sich das Wasser in beinahe sachtem Lauf mit Sauerstoff anreichern und sich die Schmutzteilchen absetzen konnten. Danach gelangte das Wasser in die Schächte, wo es durch Kieselsteine und Sand gefiltert wurde, bevor es sich in der Zisterne sammelte. Auch wenn es gänzlich verfallen ist, ist das System noch perfekt erkennbar. Trotz der übergroßen Zahl der Brunnen kam es in Zeiten besonderer Trockenheit zu Wasserknappheit: »Denn jede *piazza*, jeder *campo* oder *corte* hat einen Brunnen, der von der Stadt für die Mehrheit der Bürger für verschiedene Bedarfsfälle angelegt wurde, so wie es unter dem Dogen Foscari (1423–1457) geschah, in dessen Regierungszeit die Republik, da es in einem Jahr vom November bis zum darauffolgenden Februar überhaupt nicht geregnet hatte, dreißig neue Brunnen zugunsten der Armen machen ließ; auch ließ sie mit Kähnen Wasser aus der Brenta herbeischaffen und half so geschickt dem Mangel der Jahreszeit ab.« Und noch einmal Sanudo in seinen Tagebüchern: »Alles gibt es im Überfluß, außer bisweilen Süßwasser, denn Venedig liegt im Wasser und hat kein Wasser. Es gibt Brunnen für alle Plätze der Stadtviertel und die Häuser; aber in Trockenzeiten erschöpfen sie sich, und daher kommt es, daß man mit Kähnen voller Wasser, die man fünf Meilen von Liza

M. Sanudo
La città di
Venezia
S. 37

---

* ältere Bezeichnungen Dachtraufe (Dachrinne) bzw. Ablaufrohre / A.d.Ü.

Barozzi-Garten im Salute-Viertel.　　　　　　　　*Garten der Redemptoristen auf der Giudecca.*

Fusina* entfernt hergeholt hat, herumfährt und es ver-
kauft.« Mit ihrem Wechsel von Leben und Tod haben die
Heilkräuter etwas Märchenhaftes an sich: Es ist das
Geheimnis der sich immerfort wandelnden und sich selbst
doch immer ähnlichen Natur: »Sirenetta kennt die kurze
Geschichte des Gartens aufs genaueste. Sie weiß, wo der
Wurm, wo die Biene, wo die Spinne, wo der Goldkäfer ist
und was sie tun. Sie kennt die Zweige, die krank sind, die
Zahl der Knospen, weiß, welche sich verspätet hat und
welche sich bald öffnen wird. Sie klagt über den faulen
Gärtner. Sie nimmt einen kleinen Blasebalg und bläst ein
heilsames Pulver über einen von grünlichen Insekten
wimmelnden Rosenstock. Mit unbestimmtem Mitgefühl
führt sie mich nahe an eine große weiße Rose heran, der
ein Goldkäfer tief drinnen das Herz wegfrißt. ›Warum
schüttelst du sie nicht ab oder verscheuchst ihn?‹ frage ich
sie. ›Jetzt ist die Rose verloren‹, antwortet sie, ›und wenn
der Goldkäfer sich nicht an dieser sattfrißt, sucht er sich
eine andere.‹ Ich fühle, daß sich ihr Mitgefühl auf das
Insekt und die Blume verteilt...«

LAGERPLATZ. Neben den gepflegten Gärten gibt es im
Freien welche, die eingezäunt und geschützt sind; einst
waren es Gärten, bis es dann unumgänglich wurde, dort

margin note: G. D'Annun-
zio
Notturno
S. 235

Holz, Backsteine, Marmor und anderes zu lagern. Viele
Handwerker nutzen solche Bereiche als Lagerplätze:
Tischler, Marmorsteinmetze, Maurer sowie alle, die Material, das auch bei schlechtem Wetter keinen Schaden
nimmt, im Freien lagern müssen. Die Kunde der Ortsna-
men der Stadt erinnert an solche Stätten; fast spürt man die
Verpflichtung, einen möglichst genauen Hinweis auf die
Art von Tätigkeit oder Handel zu geben, die in der Nähe
des Ortes, durch den man kommt, betrieben wird. »Gasse
der lebenden Steine« im Frezzeria-Viertel, Barbaria delle
Tole. »Seltsame, faszinierende Stätten sind diese Holzla-
gerplätze mit ihrem zarten, durchdringenden Piniengeruch, der endlosen Perspektive von Brettern, die wie der
Buchstabe A aufgeschichtet sind, den langen, grasbestan-
denen Wegen zwischen jedem Stapel sowie den von einem
dichten Efeumantel behangenen Umfassungsmauern.«
»Stroppe«, campiello in San Giacomo dell' Orio... vielleicht sprossen hier die *stroppe*, diese feinen Schößlinge
der Weide, mit denen man die Weinreben festzubinden
pflegt.« An *calli*, *campi* und *fondamenta* werden besondere Bedeutungen geknüpft; sie erinnern an eine geschäftige und wimmelnde Welt, in der Zeit Geld ist. »Die
Waren fließen durch diese Stadt wie das Wasser der
Quellen. Venedig erhebt sich aus dem Meer, und das
Salzwasser fließt in seiner Mitte und rundherum und
überall außer in den Häusern und Straßen: Und wenn sich

margin note: H. Brown
*Life in the
Lagoons*
S. 127

margin note: G. Tassini
*Curiosità
veneziane*
S. 658

margin note: M. da Cana
*Les histoire
de Venise*
Teil I, 2–4
S. 5

---

* Der heutige Ort an der Mündung der Brenta heißt ›Fusina‹. / A. d. Ü.

Fiorazzo-Garten.
Echte Statuen oder Nachbildungen erschweren dem
Besucher das Verständnis.

Pensione Accademia.
Garten auf der Rückseite des Hauses.
Seiten 100/101: Brandolin-Garten. Die herzförmige
Hecke ist ein seltenes Beispiel für Kunstgärtnerei.

die Bürger auf den Plätzen befinden, können sie auf dem Land- oder Wasserweg nach Hause zurückkehren.« Pietro Aretino vermerkt und lobt in seinem Brief an *messer** Domenico Bolani das geschäftige Leben im Rialtoviertel, dem eigentlichen Dreh- und Angelpunkt von Handel und Finanzen der Stadt. »... Es schiene mir, als beginge ich die Sünde der Undankbarkeit, wenn ich nicht der herrlichen Stätte gegenüber, wo Euer Haus gebaut ist, das ich zu meinem allergrößten Vergnügen bewohne, einen Teil meiner Schuld mit Lobreden abtrüge; denn es liegt an einem Ort, an dem weder der Rechtschaffenste noch der Niederste noch irgendwer einen Fehler finden kann. Wenn ich daher seine Vorzüge beschreibe, spüre ich dieselbe Angst, die man spürt, wenn man die Vorzüge des Kaisers beschreibt. Sicher hat der, der sie gebaut hat, ihm den schönsten Platz zugewiesen, den der Canal Grande zu bieten hat. Und weil er der Fürst unter allen Kanälen ist und Venedig die Päpstin aller anderen Städte, kann ich wahrhaftig sagen, daß ich mich der schönsten Straße und der schönsten Aussicht der Welt erfreue. Ich trete nie ans Fenster, ohne daß ich unzählige Menschen und ebenso viele Gondeln zur Marktstunde sehe. Rechts von mir liegen der Fleisch- und der Fischmarkt und links die Rialtobrücke und der Fondaco dei Tedeschi; in der Mitte

P. Aretino
Lettere
Buch I,
Nr. 213

* Ältere Bezeichnung für ›Herr‹, ›mein Herr‹ / A. d. Ü.

habe ich das Rialtoviertel, das von Geschäftsleuten wimmelt. Dort sehe ich den Wein in den Kähnen, das Wildbret und Geflügel in den Läden und die Gärten auf den freien Flächen. Und wenn ich beim Sonnenaufgang sehe, wie alles mögliche, das die Jahreszeit bietet, auf dem Wasser schwimmt, möchte ich gar keine Bäche sehen, die Wiesen bewässern. Und es ist ein großes Vergnügen, zu sehen, wie die, die die großen Mengen Obst und Gemüse anliefern, diese an die verteilen, die sie an ihre Bestimmungsorte bringen. Doch es geht alles lustig zu, bis hin zum Anblick der zwanzig oder fünfundzwanzig Segelboote voller Melonen, die, eng miteinander vertäut, sich gleichsam von der Menge absondern, die herbeigelaufen ist, um an ihnen zu riechen, sie zu wiegen und so ihre Güte zu prüfen.«

Wer heute noch traditionsgebundene Tätigkeiten ausübt, muß zwangsläufig im Freien arbeiten. Dies ist bei dem Marmorsteinmetzen der Fall, viele ihrer Werkstätten liegen zur Lagune hin, um eine Versorgung auf dem Wasserwege und ein leichteres Beladen des Bootes zum Zeitpunkt der Auslieferung der Fabrikate zu ermöglichen. Ein ganz besonderer Lagerplatz ist der der Mosaikmaler Orsoni in der Nähe des Kanals von Cannaregio. Abgesehen davon, daß dieser Freiluftbereich ein geschütztes, beinahe verborgenes Heiligtum darstellt, ist er unentbehrlich für das Mischen und Anrühren der Farben. In einem

Bellinato-Garten in Cannaregio. »*Einen Garten kann man nicht in einem Jahr erschaffen ... Es ist schwierig, die Blätter aus dem eigenen Garten zu entfernen, weil er dich, auch wenn er keine eifersüchtige Geliebte ist, ganz gefangen nimmt.*«
Eden, A Garden in Venice, *S. 134.*

Terrà-Garten im Accademia-Viertel.
Die Originalität des im Polifilo *beschriebenen Labyrinths ist zu Recht berühmt, denn es handelt sich um ein Labyrinth aus Wasser, das die Kanäle Venedigs nachzubilden scheint.*

H. de Rég-
nier
*Esquisses
vénitiennes*
S. 12

Teil des Gartens befinden sich Glassorten, Behälter und farbige Hügel von Mosaikmaterial. Zur Linken, hinter einem Eisengitter, liegt ein kleiner privater Bereich. Im Grün wachsen farbenprächtige Rosen. Die Einfassungsmauer ist mit Glyzinien und Efeu bewachsen; auch ein Khakipflaumenbaum, eine Palme und ein Judasbaum stehen dort. Weiter vorn führt eine grünlackierte Außentreppe aus Metall auf eine Terrasse; auf Treppe und Terrasse wirft ein *berceau* mit amerikanischem Wein seinen Schatten. Geht man in Richtung Brennofen weiter, sieht man in großen Behältern die vom letzten Mischen der Farben noch vorhandenen Spuren sowie Holzkisten mit gebrauchsfertigen Mosaiksteinen verschiedener Größe und Farbe. Von den Gartenfenstern aus, an die sich ein riesiger Rosmarinstrauch lehnt, bemerkt man die Sammlung von rund siebentausend Farben des inneren Lagers, wo die Täfelchen der Glasmasse nach den verschiedenen Abtönungen geordnet sind. Die Stadt der unwahrscheinlichen Farben, der teils prächtigen, teils fahlen Widerscheine und Reflexe findet hier ein getreues Abbild aller ihrer Farbnuancen.

MEDITATION. »Es gibt noch viele andere Gärten in Venedig. Ich werde nie den vergessen, den man mit seinen Hainen und Zypressen von der Lagune aus auf der Giudecca wahrnimmt. Er ist sehr groß und still, und man kann dort lange Spaziergänge machen. Dort atmet man den Wind des Meeres. Man bekommt Lust, laut zu denken, und man möchte leise singen...« Der lange Landstrich, der sanft die linke Flanke Venedigs begleitet, hat seit jeher die ausländischen Besucher Venedigs fasziniert. Auf der Giudecca gibt es auch heute noch die Gärten, die ihrer Ausdehnung nach die bedeutendsten, aber auch die sind, die man in ganz Venedig am schwierigsten besichtigen kann. Die Wand der zum Canal della Giudecca hin liegenden Häuser schützt die dahinterliegenden grünen Bereiche. Von der Seite der Lagune erscheint die Insel hingegen wie eine große grüne Zone mit majestätischen Bäumen, Gehölzen, Weingärten, Nutzgärten und Blumen. Große Wurzeln, die dichtbelaubte Bäume stützen, scheinen aus dem Wasser zu wachsen, ein unmißverständliches Zeichen dafür, daß der, der sie vor ein paar Jahrhunderten gepflanzt hat, es in der Absicht tat, den so kostbaren Erdboden festzuhalten. Auch heute noch beherbergt die Giudecca die Klausur-Orden mit ihren für den eigenen Bedarf bebauten Nutzgärten, kleine ländliche Oasen zwischen Wasser und Wasser.

Hier fanden Dichter, Philosophen und Literaten Schutz und Konzentration für ihre Reflexionen. Pietro Aretino spricht in seinen Briefen von einer Nonne in Klausur, die sich in ein Kloster in diesem Teil der Stadt zurückgezogen hatte: »Diese Sache gefällt mir, und zugleich bedaure ich sie«, so beginnt tretino. »Sie gefällt mir, weil die Vorstellung mir nicht das nehmen kann, was ich bei seinem tatsächlichen Vorhandensein vermissen würde; und es tut mir leid, weil ich diese ehrwürdige Frau nicht werde sehen

P. Aretino
Lettere
Buch I,
Nr. 289

*Auf der Giudecca gibt es auch heute noch die größte Anzahl von
Nutzgärten. Im Hintergrund die Kirche della Croce.*

Bei Klöstern findet sich vorbildlich bestelltes Gartenland.

können, die es verstanden hat, die Welt zu verachten und das Schicksal zu besiegen. Der Verlust des Gatten, des Sohnes und der gesellschaftlichen Stellung hat Euch dadurch, daß ihr so viel erlitten habt, einen Trost verschafft, den Euch nicht einmal der Kaiser hätte zuteil werden lassen können: Denn der Raum, mit dem Ihr Eure heilige Person einschließt, ist weiter als die Fläche des Mondes. Wenngleich sie klein scheint, ist sie doch das Abbild des Paradieses, das Ihr für Euch erlangen könnt; seinen Mauern können weder Menschen noch Waffen nahen... dort werden Zeit und Tod sinnlos, weil Altern und Sterben Euch keinerlei Kummer bereiten. Glücklich seid Ihr, die Ihr Euch die Ruhe des Körpers und das Heil der Seele schaffen konntet. Mögen die den Herren spielen, die Verdächtigungen, Kummer, Kriege und Grausamkeit ertragen können; und wer Sicherheit, Freiheit, Frieden und Frömmigkeit genießen will, der soll uns verlassen.« Ein Vorrecht, das von Mauern und Verschwiegenheit geschützt ist, verbunden mit der auf die Produkte des Bodens gerichteten Sorgfalt, welche die Verwirklichung eines Lebens in Klausur ermöglichen. Wenn man im Redentore den Kreuzgang und das Refektorium durchschreitet, von denen ersterer einen kleinen Freiluftbereich mit einem großen Olivenbaum in der Mitte einschließt, gelangt man zu einem großen rechteckigen Areal, das, geht man in Richtung Lagune weiter, rechts von einem offenen Bau in der Art eines Portikus begrenzt wird, wo derzeit die Seminaristen untergebracht sind, und links von einer Mauer, die es vom Sacerdoti-Garten und von dem der Ca' Leon trennt. Dieser Bereich ist in drei Hauptzonen unterteilt, auf denen Disteln, Artischocken, Salate, Bohnen, Wirsingsorten und verschiedene Gemüse angebaut werden; längs der Wege stehen Reihen von Weinreben. Hier und da Obstbäume, zwischen Birn-, Apfel- und Pfirsichbäumen steht ein kostbarer Vogelbeerbaum. Entlang der Trennmauer schützen Feigenbäume vierzehn Bienenstöcke. Am Ende dieses Gartens findet man eine Reihe kleiner Nutzbauten, einen Schweinestall mit sechs Schweinen, einen Heuschober, einen Schuppen für Schreinerwerkzeuge sowie die unvermeidliche *cavana*, ein Merkmal aller Klöster. Zwei Durchgänge bilden den Zugang zu dem ruhigeren Ort, der von der *cavana* zweigeteilt wird. Es sind zwei verschiedene Gebetszonen. Zypressen und Lorbeerbäume vermitteln das Gefühl von angenehmer Kühle und Ruhe. Der linke Teil wird durch eine kleine, mit Aufschüttungsmaterial gepflasterte Allee geprägt, die den Besucher einlädt, in Richtung Meer zu gehen. Rechts gibt ein kleiner Hügel, vielleicht ein alter Eiskeller, dem Ganzen einen plastischeren Eindruck. Der Nutzgarten der Klarissinnen wird ringsum von Mauern begrenzt. Auf der Rückseite des Klosters schützt ein *berceau* von Rosen die Statue der Madonna: Zwei lange

weinbehängte Pergolen zu beiden Seiten, in der Mitte eine Hecke mit Sitzgelegenheiten zum Verweilen und Meditieren.

Hier gedeiht Gemüse aller Art, während sich die Obstbäume im Hintergrund befinden. Sorgfalt und Geduld haben in der Stadt, die im Wasser schwimmt, Stücke von Ländlichkeit bewahrt. »Einen Garten kann man nicht in einem Jahr erschaffen, er ist nie vollendet. Er wächst, und mit Mühe und Liebe sollte er noch mehr wachsen. Es gibt alte Gärten, bei denen man bedenken sollte, ob man sie überhaupt berühren darf. Man kann schwerlich die Blätter aus dem eigenen Garten entfernen, auch dann, wenn man ihn beschreibt. Selbst wenn er keine eifersüchtige Geliebte ist, nimmt er dich ganz gefangen, und auch wenn ein großer Dichter eine komplette Vorstellung davon geben könnte, könnte er nicht anders, als zwischen Rosen und Lilien verweilen, wie ein Verliebter, der ganz damit beschäftigt ist, die Reize und die Vollkommenheit seiner Dame zu bewundern. Ich werde nicht von meinem Garten sprechen, ich rate es denen, die keinen haben, sich einen anzulegen, und denen, die einen haben, ihn zu pflegen, und denen, die Kinder haben, diese zur Liebe zu ihrem Garten zu erziehen. Ich hatte, als ich noch kaum gehen konnte, einen Garten für mich, mit Harke und Schaufel, und ich erinnere mich noch an meine Freude, als ich sah, daß der Hafer, den ich mir im Stall genommen und

*F. Eden
A Garden in
Venice
S. 134*

eingesät hatte, Triebe bekam. Es gibt keine andere Beschäftigung für bedeutende oder weniger bedeutende Männer, die dazu taugt, die Menschheit von physischen wie moralischen Qualen und Schmerzen zu befreien. Wenn die Leidenschaft für Spiele und die Athletik zeitweilige Vergnügungen sind, so ist die Gärtnerei ganzzeitig das eine wie das andere. Wenn Gott selbst einen Garten gepflanzt hat, was könnten wir Besseres machen, als es ihm nachzutun?« Die Anmerkungen von F. Eden, der zwischen dem Ende des neunzehnten und dem Anfang des zwanzigsten Jahrhunderts auf der Giudecca wohnte, versetzen uns in die Stimmung jener Epoche zurück. Eden war es gelungen, aus einem Gemüsefeld hinter der Strafanstalt für Männer, das zur Lagune hin lag, einen Garten zu gestalten, den es zu besichtigen lohnte. Wie er selbst erzählt, hatte er ein Haus mit Garten gesucht, weil ihn die überall von Salzwasser umgebene Stadt unduldsam, ja »krank« gemacht hatte; er war der Steine Venedigs, des »Rosa und Grau, und des Blau und Rot« müde. »Ich habe großes Verlangen nach trockener Erde und grünen Bäumen: Nach einem Garten.« In einem sehr einfachen Stil dokumentiert er geduldig die Gebräuche am Ort. »Es gibt drei schöne Beispiele für eine Pergola. Manchmal ist sie aus Eisen. In einem heißen Klima schadet das Eisen dem Wein, und das Material ist eine Beleidigung für das Auge. Die anderen Pergolaformen, die ich kenne, kann man in

*F. Eden
A Garden in
Venice
S. 33*

Das Wasser wurde in den Brunnen gesammelt. Es gab zwei Systeme: die artesischen Brunnen und die Zisternen, die das aus den Straßenschächten kommende Regenwasser filterten.

Amalfi, Gravosa und Venedig sehen. Kürzlich sah ich in Venedig in einem Garten, den Lady Radnor gekauft hatte, eine Pergola aus Ziegelsteinen. Doch es gibt nur eine Reihe von Säulen; der Durchgang unter der Pergola ist unter dem Niveau des Rasens gepflastert, und das Resultat ist erfreulich. Die in Venedig üblichen Pergolen sind verschieden und eher vergänglicher Art. Anstelle der Pfosten werden auf dem Festland wachsende Weiden gesetzt. Der anfängliche Kostenaufwand ist bescheiden, was gut zu den Gepflogenheiten in Venedig paßt ... doch er ist keine ganz billige Art der Konstruktion, deswegen, weil das zarte, rasch wachsende Holz schnell verdirbt und nach beständiger Erneuerung verlangt. Die in einer Achse im Abstand von etwa zwei Metern beidseitig des Ganges gesetzten senkrechten Pfosten sind an ihrem obersten Ende in der Längsrichtung durch dicke Schnüre und quer durch andere Pfähle, ›Querhölzer‹ genannt, miteinander verbunden. Die senkrechten Pfosten sind ihrerseits auf der Außenseite durch andere, diagonal angebrachte Hölzer verstärkt. Das Ganze wird von aneinandergeknoteten Weidenschößlingen, *stroppe* oder *sacche* genannt, zusammengehalten.« Eden spricht von einem jetzt nicht mehr vorhandenen Garten; einer, den man nicht besichtigen kann, ist ein für immer verlorener Garten.

Darüber, wie man den Garten bepflanzen soll, liefert Paolo Bartolomeo Clarici, ein Botaniker des ausgehenden siebzehnten Jahrhunderts, ausführliches und amüsantes Belegmaterial in seinem Traktat, in dem er Pflanzen beschreibt und Vorschläge für das Pflanzen, die Auswahl und das Nebeneinander von Farben und Bäumen macht und dabei den ortsansässigen Gärtnern vorwirft, nicht »modern« zu sein und nicht die neuen Theorien zu akzeptieren, die aus dem Ausland, vor allem aus dem Frankreich des Sonnenkönigs, kamen. Besonders betont wird die Wichtigkeit einer beständigen Pflege des Gartens und auf kuriose Art die Wahl des Gärtners durch den Besitzer unterstrichen. »Der Gärtner muß, falls es möglich ist, ganz und gar treu sein, seinem Herrn wohlgesonnen und nicht mehr wissen wollen als dieser. Er soll sich nicht auf dem Besitz oder in den Wirtschaften herumtreiben: sich keinen anderen Vergnügungen oder Liebhabereien als denen seines Gartens hingeben. Er soll von kräftigem Wuchs und stark sein; von mittlerer Körpergröße, wohingegen eine zu hoch gewachsene Statur fast ungeeignet ist, muß doch der Gärtner meistens gebückt stehen. Er muß Kenntnis von den Blumen haben und Gefallen daran finden, sich immer weiter in der unterschiedlichen Art, sie zu züchten, fortzubilden. Er muß besonders sorgfältig dabei sein, die Schädlinge im Garten zu vernichten, und dabei soll er die größte Sorgsamkeit walten lassen. Er muß die vier Hauptwinde kennen, um die Stelle auszuwählen, die sich für die Art der Pflanzen

P. B. Clarici
Historia e cultura
S. 31

*»Diese Holzlagerplätze mit ihrem feinen, durchdringenden
Piniengeruch sind seltsame und faszinierende Stätten.«*
Brown, Life in the Lagoon, S. *127.*

am ehesten eignet, welche sich in einem mehr als in dem anderen biegen. Deshalb muß er auch noch auf die gewöhnlichen Luftbewegungen achtgeben, auf die Zeichen, die ihnen üblicherweise vorausgehen, auf den Lauf des Mondes, den der Sonne und der anderen größeren Planeten, sowie manch andere Beobachtung anstellen, die man in bestimmten Zeiten über einige Konstellationen macht, unter welchen die eine Arbeit besser als die andere gelingt. Er wird es ferner noch verstehen müssen, einen Plan zu entwerfen und darauf fachkundig ein *parterre* abzumessen, und schließlich soll er noch die guten Eigenschaften haben, die sich ein Meister des Ackerbaus bei ihm wünscht. Voraussetzungen, die man in diesen Zeiten mehr erhoffen als tatsächlich finden kann.«

In einem Garten, den man nicht pflegt, gewinnt die Natur die Oberhand über den Entwurf des Menschen. Und wenn die Natur sich von allein, und ohne daß man sie reglementiert, erholt, dann tut sie es nach einem einzigen ihr innewohnenden Gesetz, das es zu respektieren gilt: weiterzuleben. Die Natur des »geschlossenen« Gartens wird nach den Notwendigkeiten oder nach der Vorstellung geplant, die ein jeder vom irdischen Paradies hat. Zurechtgestutzte, nach dem Bild und der Ähnlichkeit dieses ersten imaginären Gartens fügsam gemachte Natur. Die Natur begünstigt die Introspektion, die Meditation, den Dialog mit sich selbst. Sie zu regulieren erlaubt es, Kontrolle und damit Herrschaft über unvorhersehbare

Elemente auszuüben. Die Strukturen des venezianischen Gartens zielen darauf ab, den flachen Oberflächen mehr Reichtum und Vielfalt zu verleihen. Die Pergolen bieten Absonderung, Geleit und Schutz. Es ist unmöglich, nicht den großen Unterschied zwischen dem italienischen oder französischen und dem englischen Garten zu bemerken. Auch die Gärten waren Gegenstände für Modeströmungen; die Herrschenden mußten Luxus und Wohlstand zur Schau stellen und diktierten die Regeln dafür, wie ein Garten zu sein hatte.

Im achtzehnten Jahrhundert entstehen mit dem wiedererlangten Bewußtsein der Überlegenheit der »guten« Natur über die »schlechte« Stadt neue Ideen darüber, wie man das Grün planen könnte. Der Kontrast zwischen dem idealen Entwurf und seiner Verwirklichung läßt die Handwerker der Natur sich ihrer eigenen Fähigkeiten als Former, wenn nicht gar Bildhauer des Grüns bewußter werden. Die Natur zu gestalten und zu kontrollieren wird zu etwas Absolutem, alles ist in einem Entwurf möglich. Schon am Ende des siebzehnten Jahrhunderts kommt Clarici, der ständig über die »wunderbaren Werke Gottes«, des Schöpfers jedweder Schönheit, nachsinnt – von den »Himmeln« bis zu den schwächsten Elementen der Natur wie »einem Pflänzchen« oder einem Grashalm –, zu der Beobachtung, »wie der Mensch das, was einzig Aufgabe der Natur ist, mit seiner Kunstfertigkeit eingeschränkt hat; und wie die Kunst es verstanden hat, die

Das Muster der Pflasterung wird mitunter selbst zur Dekoration.
Das in der Guggenheim-Stiftung *(Abb. oben) ist nach Schemata des achtzehnten*
Jahrhunderts entworfen. Die Rauten zeichnen einen Fußbodenbelag nach,
der mit den ausgestellten Skulpturen schwer in Einklang zu bringen ist.
Das Pflaster (Abb. links), das man in einem der Klöster auf der Giudecca
findet, verleiht dem Spazierweg etwas Mystisches.

Natur in vielen Dingen erfindungsreich nachzuahmen, so hat uns die rührige Natur die Wohltat der Kunst geschenkt... da einerseits die Kunst nicht als erste am Werk war, ist es die Natur, die mit Hilfe und Unterstützung des Menschen fruchtbarer und anmutiger wird; andererseits habe ich aber beobachtet, daß die Kunst selbst zuweilen die Werke der Natur und manchmal sogar ihre eigenen übertrifft.« Das Problem, einen großen Garten zu planen, ist besonders in England spürbar, wo Lancelot Brown sich zum Fürsprecher dieser Richtung macht und mit meisterhafter Gewandtheit (eben deshalb hat er auch den Spitznamen »Capability« Brown) einen *landscape*-Garten schafft, bei dem der Entwurf nicht mehr Wege oder Kunstgärtnerei berücksichtigt, sondern Seen, Flüsse und Hügel. Er tritt an die Stelle der Natur selbst und wirkt dabei auf einem Niveau, das von keinem Gärtner jemals zuvor angewandt wurde. Welcher Gartentyp für die Meditation am günstigsten ist, ob nun der geschlossene und von Abtrennungen und Miniaturnachahmungen der Natur, wie Grotten, kleinen Wasserfällen und geschützten Winkeln durchzogene, oder aber der, in dem das Auge bis zum Horizont schweifen kann und der uns mit immer neu dazukommenden harmonischen Farben begleitet, das ist schwer zu sagen. Jedenfalls setzt Venedig immer sehr genau festgelegte Grenzen. Das Land vergrößert sich nicht, und die Grundstücke, die in dieser Stadt große Ausmaße zu haben scheinen, können für einen Fremden allenfalls Stücken von Grün ähneln, die man dem Meer mit Gewalt entrissen hat. Auch auf den alten Stadtplänen überrascht die Aufsplitterung der Gärten, und insbesondere die Unterteilung in Pergolen und Spazierwege. Die mediterrane Kultur ist an die Zersplitterung und die Abgrenzung in geschlossene, schützende Bereiche gebunden. Das treffendste Beispiel dafür ist das Labyrinth: Der Raum so weit zusammengedrängt, bis er einer tödlichen Erstickung, einem letzten Gang ohne Ausweg, ohne Entrinnen ähnelt. Von den Gräbern der Ägypter bis zu den Mythen der Kreter und den Gärten der Römer, bis hin zu denen Italiens und Frankreichs aus dem siebzehnten Jahrhundert.

Der *horror vacui* bezüglich eines Raumes, den es um jeden Preis auszufüllen gilt wie einen orientalischen Teppich, von dem man sich hinreißen läßt, um in die unterirdischen Grotten Aladins versetzt zu werden, wo ein solcher Überfluß an Edelsteinen herrscht wie im Sommer an Früchten. Eben darum rückt auch in Venedig, dem Zentrum des Zusammentreffens verschiedener Rassen und Religionen, der Garten immer näher an die Vorstellung eines Geheimnisses heran, das es zu enthüllen, einer Arabeske, die es zu entziffern gilt. Eine ewige Reise zum »Neuen Jerusalem«.

Die heimlichen Verlockungen des Grün

Natur und Baukunst verbinden sich in der Stadt mit ihren
Gärten in einer Einheit aus Farben und Formen, in dem sich
Leben und Vergehen widerspiegeln.

IMAGINÄRES. Venedig ist die Stadt, in der das Phantasti-sche Wirklichkeit ist. Die Phantasie kann die starken Gefühle, die die Stadt hervorruft, besser wiedergeben: »Des Abends bildeten sie mit ihren hohen, ausgekehlten Häuseressen, denen die Sonne die lebhaften rosa und lichtesten roten Töne verleiht, einen oberhalb der Häuser blühenden Garten mit so verschiedenartigen Farbnuan-cen, daß man hätte meinen können, man habe die über der Stadt angelegten Blütenfelder eines Tulpenliebhabers aus Delft oder Haarlem vor sich.« Dies ist eine Stadt, in der man sich nicht mit dem Zeitgenössischen, sondern mit dem Imaginären konfrontieren kann. Die verlangsamten Zeitmaße, das öftere Anhalten und die unbegründeten Wartezeiten zwingen dem eigenen Leben einen Rhythmus auf, der von dem der Bewohner jedes anderen Teiles der Welt verschieden ist. Man wird von der Besessenheit erfaßt, zu betrachten, über das zu reflektieren, was »er-scheint«, weit entfernt von den Denkweisen der Konsum-tendenzen, die die Metropole bietet. »Der schöne Lagu-nengarten heizt sich langsam auf. Verblüht sind die Rosen, verblüht sind die Lilien, und die vergilbten Stiele werden zu Stäbchen. Der Rittersporn entblättert sich im Wind wie Schmetterlinge, die einen Flügel verlieren. Zerknittert ist die Seide der zarten Rosetten, die sich um die blattreichen Ruten des Sigmarskrautes öffnen. Doch der Thymian, der Rosmarin, die Distel, alle Gewürze scheinen wie Weih-rauch zu vergehen. Die zahlreichen Lavendelblüten sind beinahe bläulicher Rauch. Die Granatäpfelbäume glühen sämtlich wie Flämmchen, die sich im scharlachroten Wachs der Geländersäulen nähren. Der Garten verwelkt zu seiner eigenen Begeisterung...«

In Venedig nimmt ein jedes Ding verschiedene Bedeutung an, der Himmel bekommt unvermutete Farbnuancen; das Wasser reflektiert die Luft und gibt die Bilder von Steinen, Holz und Ornamenten verändert wieder. Venedig ist eine Stadt, die man beschreiben kann, ohne sie verstehen zu müssen. »Soweit das Auge reichte, schien die Lagune wie in bunten Lichtern gemalt, die sich wie ein weiträumiger, von Blumen in allen Farben überquellender Garten in Gruppen häuften, aber diese leuchtenden Blumen standen niemals still; untereinander vermischt, flammten sie auf und verloschen und verführten dich mit überraschenden Versuchen, dich dazu zu bringen, ihren unglaublichen Kunststücken zu folgen. Hier und da beleuchtete ein roter, grüner oder blauer Schimmer einer Rakete mit seinem Glanz alle Boote. Jede Gondel, die nahe an uns vorbeifuhr, war ein Bild, mit ihren Lampen in Form von Halbmonden, Pyramiden und Kreisen, die, an Eisenstan-gen aufgehängt, die Gesichter der jungen Leute beleuchte-ten. Die Reflexe dieser Lichter, auf dem Wasser so lang, so zahlreich, so bunt und so von den Wellen verzerrt und gebrochen, waren wiederum ein bezauberndes Bild.« Die Beschreibung des »Redentore«-Festes ist ein Vorwand, um die starke Gefühlsbewegung zu vermitteln, die den Verfasser und den Leser, der wiedererkennt, worum es sich handelt, in einer gemeinsamen Erinnerung verbin-det.
An Reichtum der Dekoration, an Farben, an Lichtern gibt es nie genug. Die Lichter werden elektrisch, die Bewe-gung unzusammenhängend, paradoxerweise, um die Na-tur nachzuahmen, oder, besser gesagt, die Gefühle, die die Natur erweckt. »Den Traum begleitete wogend eine

M. Proust
*Albertine
disparue*
S. 250

G. D'An-
nunzio
*La Leda sen-
za cigno*
S. 197

M. Twain
*Innocents
Abroad*
S. 221

Seiten 114/115: *Mocenigo-Garten auf der Giudecca.*
*»Venedig lebt in einer einzigartigen bioklimatischen Lage: Umzäunungen
und kleine Mauern schützen die Vegetation, indem sie eine für das Überleben
der Pflanzen häufig unabdingbare Klimaänderung schaffen. Ein Mosaik von
Mikroklimata ist der Ursprung des Gesamtklimas der Stadt.«*
Marcello, La flora urbica die Venezia, S. 132.

G. D'Annunzio
Il fuoco
S. 408

Ariette, die er im Museum in wohlklingenden Tropfen langsam von einem kleinen metallenen Räderwerk hatte seufzen hören, das die Umdrehung eines Schlüssels heimlich unter einem Garten aus Glas in Bewegung setzte, wo mit Margueriten geschmückte Liebende um einen Chalzedon-Springbrunnen herumtanzten.« Gerade in Venedig entsteht die Kunst, Miniaturgärten aus Glas und Seide zu bauen, die sich über ganz Europa verbreitet. Die Glasbläsermeister hatten die Kunst, Glas in Kristall zu verwandeln, während ihrer Aufenthalte in Böhmen erlernt, und sie ließen ihren Launen beim Erfinden immer neuer Formen, die geeignet waren, die Tafeln der Adligen zu schmücken, freien Lauf. Der bekannteste und von den Leuten von Murano am meisten gehaßte war Giuseppe Briati; wegen seiner großen Geschicklichkeit zwang man ihn, von Murano nach Venedig überzusiedeln, und zwar nach Carmini, wo die Straße liegt, die noch heute seinen Namen trägt. Auch Cicogna kommt auf diesen berühm-

G. Tassini
Curiosità veneziane
S. 103

ten Glasbläsermeister zu sprechen! »Er bewies, daß er ein besonderes Talent pflegte. Es gab keinen Gegenstand, dessen Nachbildung er nicht mit Erfolg in Angriff genommen hätte, sowohl Blumen und Früchte als auch Brücken, Gärten, Tiere und Figuren; alles geriet ihm in Vollkommenheit. Damals prunkten die vornehmen Herren an allen Tafeln mit reizendem Zierat, *dezert* genannt. Dieser bestand oft aus Teig, Zucker oder Porzellan war, bestand beinahe gänzlich aus Glas, und zwar aus Glas des bekann-

ten Briati, und sogar die Staatsbankette des Dogen wurden durch ihn verschönt.« Was die Nachbildung von Gärten betrifft, bezeugt uns auch de Régnier sein Erstaunen:

»...Während man angesichts dessen, was ich Euch nun beschreiben will, schweigt, um die damit verbundene Überraschung besser zu genießen. Ach, welch wunderlicher Garten! Gibt es etwa welche, die im Vergleich zu seiner großartigen Winzigkeit seltsamer, vielleicht melancholischer sind? Seine Vornehmheit kommt seiner Kompliziertheit gleich. Er besteht aus symmetrischen Beeten und kleinen Alleen, die ihn unterteilen, aus Balustraden, die ihn umgeben, aus Säulengängen, die seinen Abschluß bilden, sowie aus unzähligen kleinen Gefäßen, aus denen winzige Blumen sprießen. Er ist herb und ewig, kennt keine Jahreszeiten, weil er ganz aus Glas ist, Glas in allen Farben, je nachdem, ob er eine Wiese, eine Säule, eine Rose oder einen Springbrunnen nachbildet, – eine wahre Augenweide ist dieses drollige und faszinierende Wunderding, das heute den Museumsbesucher erfreut, während es einmal auf der Tafel der Patrizier, wo er den zentralen Tischschmuck bildete, mit seiner zarten, zerbrechlichen und bizarren Kunstfertigkeit die Blicke der vornehmen Damen von Venedig auf sich zog.« Und noch einmal etwas zur Nachgestaltung von Miniaturgärten, diesmal in Gold: »Eine Zeremonie, die das hohe Amt des Prokurators von San Marco ebenso gemeinsam mit dem der Großkanzler wie dem der Partriarchen hatte, bestand in

H. de Régnier
Esquisses vénitiennes
S. 11

C. Iranovich
Minerva a tavolino
S. 125

Heute finden wir eine letzte Gruppe von Gärten, die man sich von außen gar nicht vorstellen kann. Es sind im neunzehnten Jahrhundert durch Häuser-Abbrüche entstandene Flächen, die im Zuge wechselnder Besitzverhältnisse in kleine Einheiten unterteilt wurden.

*Rio San Barnaba
Oft ist der Garten von den Calli oder Rii aus an den Büscheln von Grün auszumachen, die nach draußen ragen; solche Gärten sind jedoch an der Gesamtzahl gemessen verschwindend selten.*

dem prunkvollen Zug durch die ›*Mercerie*‹*. Aus dem Anlaß wetteiferten die Händler damit, ihre Schaukästen zu schmücken. Hier sah man einen Goldschmied, der neben verschiedenen Gold- und Silberarbeiten einen Garten darstellte, voller Bäume und Blumen, wo sich Gestalten aus Gold und Silber im Vorübergehen bewegten und gestikulierten und wo einige Springbrunnen strömten, deren Fontänen mittels manch geschickten Einfalls beständig in silberne Becken fielen, und diese waren aus jenen ganz feinen Armbändern zusammengesetzt, die man ›manini‹ nennt...« Waren dies Miniaturausführungen bestehender oder nur erfundener Gärten? »Andere bizarre Einfälle von Künstlern, auf unglaubliche Art und Weise realisiert, waren überall verstreut; unter ihnen konnte man einen großen Springbrunnen mit Wasser aus extra feinen Drähten betrachten, die wie natürliche Kristalle erschienen, sowie mit Vordergrund und hügeligem Hintergrund, ebenfalls aus Drähten.« Der Autor berichtet auch von Bauten, die anläßlich prächtiger Feste auf dem Markusplatz ausgestellt wurden. Sie wurden aus Säulen und Bögen gebildet, die von Gold und Silber funkelten, und hatten Sockel aus Marmor, auf denen Kübel mit Zedern und Orangenbäumen standen. Außer den Gärten aus Glas, Seide oder Spitze, von denen wir

bereits gesprochen haben, existierte in Venedig der sogenannte eiserne Garten, der kein wirklicher, echter Garten mit Pflanzen, sondern ein Vorrat an Waffen im *Arsenale* war. Ein in Domenico Gasperonis Buch *Venezianische Artillerie* eingefügter Stich trägt den Titel *Saal der Waffen und eiserner Garten im Arsenale*. Im Innern des großen Hofes ist die Munition für die Kanonen in Pyramiden verteilt; man zählt mehr als sechzehn enorme Haufen von Kanonenkugeln – nur um eine Vorstellung von der Menge des gelagerten Materials zu geben. Ringsherum stehen überall Rüstungen. In der Mitte wird der Hof von einer Art Phantasie-Triumphdarstellung in ausuferndem Barockstil geschmückt. Die eindrucksvolle Gewohnheit, künstliche Bauten zu errichten, wie während der Karnevalszeit, wurde auch in sehr viel weniger ausgelassenen Zeiten beibehalten. Man erinnert sich daran, daß im April des Jahres 1685 drei Regimenter des Herzogs von Braunschweig von den Venezianern für den Morea-Feldzug angeworben wurden, und der Herzog wollte, daß diese, bevor sie vom Lido aufbrachen, in aller Öffentlichkeit eine Probe ihrer Übung mit den Waffen ablegten. Darum ließ er für die Damen und die Edelleute eine Art Palazzo in Holz errichten, mit einem Saal und kleinen Terrassen, damit sie dem Schauspiel in aller Bequemlichkeit beiwohnen konnten; die Wände und die Decke des Saales, mit belaubten Baumstämmen verkleidet, waren wie ein klei-

* Eine Folge von fünf Gassen zwischen Markusplatz und Rialto. / A. d. Ü.

San Francesco della Vigna.
Jenseits des Renaissance-Säulenganges verleihen Bauten neuerer
Zeit der Stadt eine futuristische Dimension.

N. Mangini
*I teatri di
Venezia*
S. 28

ner Wald, von dessen Zweigen Früchte und Blumen hingen. An den Seiten sprudelten vier Brunnen, und hier und da sah man Männer und Frauengestalten von natürlicher Größe. Ein grüner Teppich verschönerte den Fußboden, und Spiegel reflektierten und vervielfältigten die Gegenstände.

Von den für Venedig niemals verwirklichten, sondern lediglich im Vorschlagsstadium verbliebenen Projekten wollen wir hier das so berühmte von Alvise Cornaro anführen, der durch Verlandung des Sumpfes zwischen der Insel von San Giorgio Maggiore und San Marco eine Insel schaffen wollte, »und dies wird man ohne großen Kostenaufwand und sehr leicht mit den Mengen an Schutt und Schlamm machen können, die man aus den Kanälen herausholt... den Berg wird man mit Bäumen bepflanzen, und schöne Straßen wird man dort anlegen, und es wird ein herrlicher Ort des Vergnügens sein, und an seiner höchsten Stelle wird er eine offene, an jeder Seite gegen die Sonne abgedeckte Loggia haben, und diesen Berg wird man sehen, wenn man auf der Piazza steht, auf welcher noch ein Brunnen mit fließendem Süßwasser sein wird, und so wird man auf einmal den Brunnen, den Berg und das Theater sehen, und dazwischen große Schiffe, die dann in den Hafen werden einfahren können: Und dies wird ein Schauspiel und ein Anblick sein, der schönste, lieblichste, von allen anderen verschiedenste, den man

jemals gehabt hat und den man auch in Zukunft auf der ganzen Welt nicht haben kann...« Cornaro, der vom Festland stammt, plant, in deutlichem Gegensatz zu den Gewohnheiten der mehr dem Vergänglichen zugeneigten Venezianer, eine bleibende Anlage.

Das Imaginäre verflicht sich mit der Zukunft, mit der Vorstellung von dem, was man tun kann, und von dem, was die Stadt bietet. Gewisse utopische Bauten wie der, den man vom Garten der Ordensbrüder von San Francesco della Vigna aus sieht, die künstlichen Oasen der Bocciafreunde, die Treibhäuser der alleinstehenden Frauen, die in den Gebäuden wohnen, die bereits den »Pinzocchere*« gehörten, machen das Umfeld Venedigs vielfältiger und lebendiger. An diesen Orten vergessen wir, daß wir in einer Stadt sind, die ein Museum ist. In handgreiflicher Art und Weise zeigen sich in solchen – leider nicht oft vorkommenden – Versuchen die Erfindungsgabe und der Scharfsinn, die für diesen Menschenschlag typisch sind. Jede Epoche hat ihr eigenes Ideal eines Gartens, das den Entwicklungen der Geschichte, der Literatur und der wissenschaftlichen Entdeckungen folgt. Die Mühe dessen, der täglich für den guten Zustand seines Gartens sorgt, wird selten belohnt. Einer der komplexesten Privatbereiche, die wir besucht haben, ist der Terra-

* Betschwestern / A. d. Ü.

Fresko von Mariano Fortuny im Innern des vom Künstler bewohnten Palazzo.

Seiten 120/121: Vom Balkon blickt man auf den Garten wie auf eine Bühne.

Garten. Er ist von mittlerer Größe und umfaßt eine Sammlung von Stücken, die verschiedenen Epochen und Stilrichtungen entstammen. Von dem Brunnen aus polychromen Gläsern, über die Statuen aus dem neunzehnten Jahrhundert bis zu der kurvenreichen und verführerischen Jugendstilstatue sind alle Gegenstände voll seltener Schönheit. Das schattenspendende Laubwerk vermehrt durch die zwischen Flora und Dekoration erzielte Harmonie das Gefühl des »totalen« Gartens. Es ist das Verlangen nach Harmonie, Luxus und Sehnsucht, das aus den Fresken Mariano Fortunys hervorschimmert. Ein gemalter Garten, in dem Blätter und Früchte triumphieren, Statuen in genießerisch-sinnlichen oder lediglich müden Posen. Die bald zarten, bald metallenen Farben erinnern daran, daß das natürliche Licht nunmehr der Erinnerung der Maler dieses Jahrhunderts fern ist. »Elektrische Monde« beleuchten die Gemälde.

Im Schwarz-Weiß der Illustrationen des *Polifilo* wird ein gänzlich intellektuelles Suchen danach deutlich, sich mit der zu beschreibenden Natur zu messen. Auch in diesem Text ist die Rede von künstlichen Gärten: »Am Orangenhain angekommen, sagte Telemia zu mir: – Außer all den anderen wunderschönen Dingen, die du gesehen hast, Polifilo, gibt es für dich noch vier Dinge zu sehen, die bewunderungswürdig sind: Den gläsernen Garten, das

Labyrinth, den seidenen Garten und den Obelisken, das Symbol der Dreieinigkeit. – Er führte mich in einen grandiosen, in feiner Kunstfertigkeit geschaffenen Garten auf der linken Seite des Palazzo, in dem jede Pflanze aus kostbarem Glas war. Die Blätter, von einer jede Vorstellungskraft übersteigenden Schönheit, saßen an Stämmen und Zweigen aus Gold, Buchsbäume und Zypressen wechselten miteinander ab, und es standen dort Myriaden von kostbar gezeichneten Blumen in verschiedenen Formen und allen Farben. Ihre Stengel waren aus Gold, und auf den Blütenblättern waren ganz feine Zeichnungen eingeritzt. Die Säulen waren von Winden umschlungen, die bis zu den Kapitellen aufstiegen... Wir gehen in den anderen Garten rechts vom Palazzo, der nicht weniger voller entzückender Schönheiten war als der aus Glas. Und hier war ich derart betroffen, als ich ein Werk sah, an das man nicht nur schwer glauben, sondern das man auch schwer beschreiben kann. Es entsprach dem gläsernen Garten und hatte goldene Baumstämme; der Rasen, die Buchsbäume und Zypressen waren aus Seide, in der Mitte lag ein Pavillon aus Gold, mit kostbaren Edelsteinen bedeckt, und die Blumentöpfe waren voller Blumen in wunderbaren Farben, der Laubengang hing voller Margueriten, und seine Wand war mit Efeu bewachsen. Die Blumentöpfe waren wie Wandteppiche aus Gold- und Silberfäden mit Liebesgeschichten bestickt.«

F. Colonna
*Hypneroto-
machia
Poliphili*

*In der Nähe von San Canciano befindet sich auf den Resten
des Palazzo Contarini dieser zum Canal Grande hin
gelegene Garten.*

*Palazzo Barbaro am Canal Grande.
Hier ist die Tradition des alten Handelshauses erhalten, da es
ein Tor zum Wasser und eines zur Landseite gab.*

Polifilos Labyrinth ist etwas ganz Besonderes. In Italien gibt es nur wenige noch erhaltene Labyrinthe, und sie finden sich in einigen historischen Gärten, wie zum Beispiel in Strà in der Villa Pisani und in der Villa Barbarigo in Valsanzibio. Auch wenn wir nicht genau wissen, wann das Labyrinth in Mode kam, wissen wir doch aus den uns erhaltenen Inschriften, daß es im siebzehnten Jahrhundert ein sehr beliebtes dekoratives Element war und – zusammen mit Grotten, Felsen und künstlichen Wasserläufen im Garten eines Fürsten nicht fehlen durfte. Labyrinthe können aus hohen Hecken bestehen, die die Mauern des Labyrinths von Knossos nachbilden, oder von niedrigen, die zur Erinnerung an die immer gegenwärtigen Orientteppiche als Zierde für Beete Verwendung finden. Die Originalität des Labyrinths, von dem im *Polifilo* die Rede ist, ist mit vollem Recht berühmt, handelt es sich doch um ein Wasserlabyrinth. Es liegt die Vermutung nahe, daß es die Windungen der venezianischen Kanäle genau nachbildete, die Colonna sicherlich kannte. Telemia, der ihn immer begleitet, steigt mit Polifilo auf einen Turm, von dem aus dieser einen sehr ausgedehnten »Garten« in Form eines kreisförmigen Labyrinths sieht, wo anstelle der Wege Wasser fließt. Demnach ist es kein Ort, der zu Fuß begehbar, der vielmehr nur mit dem Boot befahrbar ist, wobei letzteres eine sehr häufig vorkommende Symbolik darstellt, die stellvertretend für das Leben und seine Schwierigkeiten steht. Das Labyrinth ist »gesund« und »lieblich«, mit einer großen Vielfalt »süßer« Früchte bewachsen, durch eine Fülle von Quellen »geschmückt« und alle möglichen Blumenarten erheitert; es ist ein von Heiterkeit erfüllter Ort, er flößt keine Furcht ein, sondern bringt Freude. Das Labyrinth weist sechs Kreise auf, von denen jeder durch einen Turm bewacht wird. Über eine Brücke hat man Zutritt zu ihm. Es wird auf die Lebensabschnitte des Menschen angespielt. Als Bewacherin des ersten Turms, und somit des ersten Kreises, finden wir eine Matrone, die für denjenigen das Los wirft, der sich zu einer Bootsfahrt zwischen duftenden Rosen, Pflanzen und Obstbäumen anschickt. Auf dem zweiten Turm sind junge Mädchen, die die Bootsfahrer dem ihnen zugewiesenen Los entsprechend begleiten, auf dem dritten Turm sind junge Mädchen als Versucherinnen, und die Strömung wird tückischer, auf dem vierten prüfen athletische, kämpferische Frauen, die an die Amazonen denken lassen, die Bootsfahrer, die Strömung wird stärker, und das Rudern wird zur Anstrengung. Beim fünften Turm wird das Wasser ruhig, man kann sich im Wasserspiegel sehen und erreicht einen ausgeglichenen Glückszustand. Auf dem siebten Turm sind »schamhafte Matronen« dem »göttlichen Kult« hingegeben, und der Reisende, der die Vergangenheit hinter sich läßt, nähert sich dem letzten Kreis. Die Luft wird dunstig-trübe, die Strömung wird zu einem Strudel, und man wird mit Gewalt zur Mitte gezogen, wo eine griechische Inschrift das Ende im Ra-

»...da gibt es den (Palazzo) Balbi Valier, den man mit einem Motorboot,
Rose von Devon genannt, bequem erreichen kann, und einen hübschen Garten,
wo sich einst der Palazzo Paradiso erhob.«
Lucas, A Wanderer in Venice, S. 98.

chen des Wolfes der Götter ankündigt. Im Zentrum hält eine Matrone Gericht, aber das Ungeheuer kann jede Stelle längs des Weges erreichen. Den *Polifilo* in Venedig anzusiedeln kann als faszinierende Theorie erscheinen. Die Kenntnis von dem, was in dieser Stadt geschah, die Beschreibungen einiger Gegenstände selbst, zum Beispiel des Kandelabers aus Koralle, seltener Pflanzen und eines gewissen Übermaßes an Dekorationen, lassen vermuten, daß Venedig der Schauplatz der von Colonna beschriebenen Stätten war oder diese zumindest teilweise angeregt hat.

SCHAUSPIEL. Venedig, eine Stadt des Schauspiels par excellence, ist Hauptdarstellerin und Zuschauerin bei den ernsten und heiteren Ereignissen, die sich in der ganzen Stadt abspielen. Der bühnenbildartige Rahmen all ihrer Lokalitäten läßt einen gewohnheitsmäßig an jeder Straßenecke etwas Überraschendes erhoffen. Wenn man zu Fuß geht, sind die engen Straßen nichts anderes als das Mittel, uns auf überraschende Ausblicke vorzubereiten, auf eindrucksvolle Plätze oder ärmliche *campi*, die die Stadt in diesem für sie typischen Wechsel von reichen und bescheidenen Palazzi homogen machen, wo Marmor, Ziegelstein und Porphyr eine feste Barriere bilden, um sich dem Wasser, das alles verdoppelt und vervielfältigt, entgegenzustellen. Auch die Natur, die sich mit dem

Wandel der Jahreszeiten verändert, trägt dazu bei, die Szene reicher oder melancholischer zu machen. Das Grün oder die niederen Pflanzen, die hartnäckig in den Ritzen zwischen den Steinen wachsen, vergegenwärtigen die Unausweichlichkeit der Natur. Die so offensichtliche und überall sichtbare Nachlässigkeit deutet im öffentlichen Teil der Stadt die Unmöglichkeit an, zum Prestige-Niveau von einst zurückzukehren, einmal abgesehen von den jährlichen Anlässen für Gedenkfeste, die sich von Jahr zu Jahr dahinschleppen. Paraden, Umzüge auf dem Wasser, verblaßte Bräuche wiederholen Feste, die jetzt schon nicht mehr existent sind; den Anlaß dafür, daß es sie doch noch gibt, bietet eigentlich nur die Möglichkeit, sich eines feststehenden Bühnenbildes zu bedienen, das seit Jahrhunderten beinahe unverändert ist. Mit der Wiederbelebung des Karnevals sind die »Compagnie della Calza« wiedererstanden, wie zum Beispiel die der »Antichi«. Diese »Compagnie della Calza«, so genannt wegen der Hosen in grellen und in den Hosenbeinen verschiedenen Farben, entstehen seit dem fünfzehnten Jahrhundert. Die Anzüge waren prächtig und auf Höhe des Schienbeins mit Abzeichen geschmückt, die die Zugehörigkeit zu den verschiedenen *compagnie* erkennen ließen. Es gab die »Sempiterni«, »Reali«, »Fedeli«, »Modesti«, »Accesi«, »Ortolani« und »Zardinieri«. Von 1400 bis 1562 zählte man dreiundvierzig von ihnen. Um eine *compagnia* zu

G. Tassini
Feste, spettacoli, ...
S. 49

In vielen Fällen bewahren die Gärten die ursprüngliche Anlage, und auch wenn sie weniger genutzt werden, setzen sie doch einen wichtigen Kontrapunkt zu den venezianischen Bauten.

Seiten 126/127: Ustino-Garten.
Die grundlegende Charakteristik des »venezianischen Lebens« ist der beständige Austausch zwischen dem öffentlichen und dem privaten Bereich; dies wird auch in der Struktur des Gartens beibehalten.

gründen, brauchte man eine Erlaubnis des Rates der Zehn, die Mitglieder verfaßten eine Satzung, verteilten die verschiedenen Ämter und konnten »auf eigene Kosten einen Architekten und einen Dichter« beschäftigen. Die Mitglieder der *compagnie* waren überwiegend junge Patrizier, die sich auf die alten Mythen bezogen und diese in ästhetisierender Form und aus purer Freude an der Sache auslegten. Unterhaltungen und Feste wurden an öffentlichen und privaten Stätten, in Patrizierhäusern und häufig im Freien veranstaltet. In der Stadt bereitete man Schauspiele vor, für deren Ausstattung man jedesmal neue provisorische Bauten von großer Wirkung errichtete. Uns sind zahlreiche Beschreibungen erhalten, die ihrerseits wirkungsvoll, aber ohne genaues Belegmaterial sind. Die Irrtümer und Ungenauigkeiten der Zeitgenossen haben wirkliches Ereignis und vergnüglichen Bericht vielfach verwirrt. Unter großer Entfaltung von Mitteln ist die Übertreibung und die Glorifizierung des Amüsements immer gegenwärtig. Die veschiedenen »Compagnie della Calza« kümmerten sich um die Organisation von Festen und Veranstaltungen, besonders im Karneval. Bei diesen Anlässen wurden Freiluft- oder halboffene Räume benutzt, in denen man Gelegenheitsbauten errichtete, die nach Gebrauch zerstört wurden. 1542 wurde in einem halboffenen Raum, dessen Lage wir nicht genau kennen, anläßlich der Aufführung der *Talanta*, die die »Sempi-

terni« bei Aretino in Auftrag gegeben hatten, ein Theater errichtet. Für die Bühnenbilder wurde Vasari berufen, der uns seine Arbeit so beschreibt: »Auf dem ersten dieser Bilder, die allen in Helldunkelmalerei waren, wurde auf der rechten Bühnenseite Venedig in einer wunderschönen künstlichen Adria mitten im Meer auf einem Felsen, mit einem Korallenzweig in der Hand, sitzend dargestellt; und um sie herum waren Neptun, Thetis, Proteus, Nereus, Glaukus, Palaemon sowie andere Meeresgottheiten und Nymphen, die ihm Juwelen, Perlen, Gold und andere Reichtümer des Meeres darreichten, und außerdem waren da Eroten, die ihre Pfeile abschossen, und andere, die aus der Luft Blumen streuten, und die restliche Bildfläche war ganz mit herrlichen Palmen bemalt. Auf dem zweiten Bild waren die Flüsse Drava und Sava nackt mit ihren Wasserkübeln abgebildet. Auf dem dritten der Po, groß und breit, mit sieben kleinen Söhnen, die für die sieben Mündungsarme standen, die von ihm ausgehend ins Meer münden, als wäre jeder von ihnen ein großer Strom. Auf dem vierten sah man die Brenta mit anderen Flüssen Friauls. Auf der anderen Seite, der Adria gegenüber, sah man die Insel Kreta, wo man den von der Ziege gesäugten Jupiter sah, mit vielen Nymphen um ihn herum. Daneben, also gegenüber der Drava, sah man den Fluß Tagliamento und die Cadore-Hügel, und darunter, dem Po gegenüber, sah man den Benaco-See und den Mincio, die

G. Vasari
Le vite...
S. 223f.

Wenn man durch die Rii *fährt, die zweite Fortbewegungsmöglichkeit in Venedig, stößt man auf Gärten, die zur Wasserseite hin liegen und gleichfalls gut abgeschirmt sind.*

Die Dacharchitektur der Stucky-Mühle symbolisiert mit ihrer Emphase die Bedeutung der industriellen Kultur.

in den Po einmündeten. Daneben und der Brenta gegenüber sah man die Etsch und den Tesino ins Meer fließen.« Besonders originell war auch die Saalbeleuchtung: Die Wände entlang verlief im oberen Teil ein Fries »voller Lichter und mit tropfendem Wasser gefüllter Glaskugeln, die mittels der hinter ihnen befindlichen Lichter den ganzen Raum erleuchteten.« Uns sind die Schilderungen Vasaris erhalten, der schweren Herzens der Zerstörung seines Werkes zusehen muß, gemäß den verschwenderischen Gewohnheiten der Venezianer: Ausstattungsgegenstände, die für das Vergnügen nötig waren, wurden nur einmal benutzt und nicht wieder verwendet. Es ist keine Spur vom Standort des Theaters mehr vorhanden; erhalten ist aber die Kühle und die allzu deutliche Bemerkung, die Sansovino dazu macht: »Am Abend führte man ein Theaterstück auf, für dessen Ausstattung man eine große Summe Dukaten ausgab.« Die Bedeutung der »Compagnie della Calza« ist in dieser Zeit ganz erheblich. Eine andere *compagnia*, die der »Accesi«, bestellte bei Palladio den Bau eines Theaters in Venedig. Bezüglich der Existenz des palladianischen Theaters sind wir sicher, und ebenso bezüglich des Zeitpunktes, nämlich Karneval *1565*; wir wissen hingegen nicht mit Sicherheit, wo es gelegen hat. Die diesbezüglichen Nachrichten sind jedenfalls wenig genau, weil die Belege fehlen. Die in diesen Theatern veranstalteten Aufführungen waren vor allem schlüpfrig und konnten Fremde wie Antonio Persio aus Matera

F. Sansovino
Venetia città
nobilis-
sima…
S. 152

empören, der in seinem *Trattato dei Portamenti della Signoria di Venezia verso la Santa Sede** (*1607*) folgendes berichtet. »…Zur Zeit, da ich mich hier aufhielt, wurden Komödien eingeführt, und zwar so, daß man dafür unter großem Kostenaufwand ein Gebäude in der Art eines Amphitheaters errichtete, das beinahe von dem gesamten Adel besucht wurde, und es gab unter ihnen welche, die die Schauspieler baten, die vulgärsten, um nicht zu sagen die schmutzigsten Ausdrücke zu sagen, die sie nur wußten, und sie führten dann ihre Frauen und Töchter dorthin; eine Sittenverderbnis, der sich die Jesuiten mit einem herrlichen Kunstgriff entgegenstellten und die sie auch tatsächlich ausrotteten… Um also dieser schändlichen Art, Komödien in so schamloser Weise aufzuführen, entgegenzutreten, gaben die Jesuiten vor einem großen Auflauf beinahe der ganzen Stadt, vor allem aber des Adels, den Senatoren zu bedenken, daß es an einem derart gebauten Ort voll so vieler Leute, und vor allem Adliger, die fast alle Logen für sich gemietet hatten, leicht jemand in den Sinn kommen könnte, mit irgendeiner Maschine dieses Gebäude niederzubrennen, zum Einsturz zu bringen und einen großen Teil dieses Adels auszulöschen, woraufhin es im Senat über diesen Fall eine sehr lange Debatte gab; und da sie die offensichtliche Gefahr erkann-

---

* »Traktat über das Verhalten der Signoria von Venedig gegenüber dem Heiligen Stuhl.« / A. d. Ü.

Das Theater des Altieri-Gartens in Cannaregio.
Im siebzehnten Jahrhundert gab es häufig Freiluftaufführungen,
denen diente ein natürlicher Hintergrund als Szenerie. Aufgeführt wurden
Gli Amori fortunati negli equivoci (ein Schäferspiel) 1690 und 1697
aus Anlaß der Hochzeit des Herzogs Altieri.

ten, in der sich die Stadt befand, verboten die Senatoren tatsächlich die Aufführungen der Komödien und ließen diesen Bau, den man zu diesem Zweck erbaut hatte, zum großen Schaden dessen, der ihn hatte bauen lassen, abreißen.« Ein Theater, das sich sicherlich in einem Privatgarten in Cannaregio befand und über das nicht nur schriftliche Belege existieren, sondern sogar der genaue Hinweis auf den Ort sowie Illustrationen der Bühne, auf denen man den Hof des Palazzo selbst erkennt, ist das Theater der Fürsten Altieri. Dieser Garten wurde sicherlich zweimal als Theater genutzt. Das erstemal im Jahr 1690, anläßlich der Vorstellung von *Gl' amori fortunati negli equivoci;** das zweitemal 1697 anläßlich der Eheschließung des Herzogs Emilio Altieri mit der Prinzessin Costanza Chigi. In dem aus Anlaß der Vorstellung von 1690 gedruckten Programmheft finden sich zwei anonyme Kupferstiche. Auf dem ersten können wir erkennen, wie der Palazzo auf der Seite zum Garten hin gebaut ist, der voller Publikum ist. Klar umrissen sind der Giebel und die Loggia mit drei Bögen in der Mitte, die sich in zwei Seitenflügeln von je fünf Bögen fortsetzt. Dieser erste Bereich, wahrscheinlich der gepflasterte Hof, wird von einer kleinen Mauer und einem schmiedeeisernen Gitter eingegrenzt, das ein gesprengter Giebel mit einer Büste in der Mitte bekrönt. Man sieht die zahlreichen Gäste mit Schleier und Perücke. Die Inschrift unter dem Stich lautet:

Teatro dell' udenza. Der zweite Stich stellt den Garten als Theater dar: Im Vordergrund das Podium für die Musiker, und seitlich davon Tribünen für weitere Zuschauer, alle mit kostbaren Stoffen eingefaßt. Die beiden Schauspieler befinden sich im Vordergrund im Zentrum der perspektivisch gemalten Allee, die in einem Bogen ihren Abschluß findet. Seitlich von der Allee sieht man, ebenfalls in der Perspektive gemalt, zahlreiche Bäume, von denen im Hintergrund vier als Zypressen erkennbar sind. Links sprudeln zwischen sechs Blumenkübeln mit Zitronenbäumchen drei Wasserstrahlen in einen Brunnen, der von porösen Steinen gebildet wird: Alles entspricht den uns übertrieben erscheinenden Beschreibungen Martinonis. Es ist einer der wenigen Fälle eines wirklichen Hoftheaters, denn Gasparo Altieri war aus Rom und hatte die dortigen Gepflogenheiten nach Venedig mitgebracht. Zwischen 1789 und 1805 wurde der Palazzo abgerissen. In dieser Stadt, deren urbanistische Struktur bildhaft ist, schmücken sich die Palazzi selbst in ihrem Inneren mit spektakulären Elementen: von den aufwendig ausgestatteten Salons und den Hausfluren, wo Spiegel, verzierte Bänke oder Statuen die Reflexe auf dem Wasser des Kanals vervielfältigen, bis hin zu den Gärten, die bei vielen Gelegenheiten zum idealen Rahmen für Feste, Schäfer-

---

* Etwa: »Glück in der Liebe trotz Mißverständnissen.« / A. d. Ü.

Garten Mocenigo Casagrande in Dorsoduro.
Außer der Büste im Efeu und verschiedenen Schmuck-
gegenständen finden sich zeitgenössische Skulpturen.

Seiten 132/133: Im fünfzehnten Jahrhundert verbreitet sich
mit den humanistischen Idealen die Vorstellung vom Garten
als einem vollkommenen Ort.

stündchen oder Bankette im Freundeskreis werden.

G. D'Annun-
zio
Il fuoco
S. 186

»Ich ging in den Garten hinunter, die Gäste waren auf den Wegen und unter den Laubengängen verstreut. Die Nachtluft war so feucht und lau, daß die zarten Lider sie fast wie einen launenhaften Mund, der sich streifend naht, auf den Wimpern fühlten. Die verborgenen Sterne des Jasmins rochen scharf im Schatten; und auch die Früchte rochen wie in den Gärten der Inseln; schwerer. Eine lebhafte Kraft von Fruchtbarkeit entströmte dieser kurzen Zone von Pflanzenerde, die, in ihren Wassergürtel gezwungen, in der Verbannung zu sein schien.« Die Natur, die ein Schauspiel gibt, wird personifiziert, was vielleicht die phantasievollste Art ist, um ihr Überlegungen und Empfindungen zuzuschreiben, die geeignet sind, das Empfinden oder die Interpretationen der Dichter zu bekräftigen. Wie wir schon gesehen haben, kann der Garten, vor allem wenn er groß und in der Aufteilung des Raumes gelungen ist, für Theateraufführungen genutzt werden. Goldoni berichtet in seinen *Memorie*: »Aber eine venezianische Komödie belebte gleich darauf wieder das Theater; diese war *I morbinosi*: Im venezianischen Dialekt bedeutet *morbin* Heiterkeit, Zeitvertreib, Vergnügen, weshalb sich gerade Menschen, die Humor haben, ›morbinosi‹ und Partisanen der Heiterkeit nennen können. Die Komödie hatte einen historischen Hintergrund. Einer dieser schwungvollen Männer schlug ein Essen auf eigene Rechnung in einem Garten auf der Insel Zueca vor, die in ganz

C. Goldoni
Memorie
S. 240

geringer Entfernung von Venedig liegt. Er brachte eine Gesellschaft von einhundertzwanzig Kumpanen zusammen, darunter auch ich. Wir wurden alle an derselben Tafel bestens bedient, und das mit einer bewundernswerten Ordnung und Zuverlässigkeit. Beim Mahl waren keine Frauen zugegen, doch es kamen ihrer viele dazu, als es Obst und Kaffee gab; also begann man nett zu tanzen, und so brachten wir höchst angenehm die Nacht zu. Das Thema dieser Komödie war im Grunde nichts anderes als ein Fest, konsequenterweise war es notwendig, es mit hübschen Anekdoten oder komischen Charakteren zu verschönern: Von denen traf ich welche zur Genüge in unserer Gesellschaft selbst und sah darauf, daraus Nutzen zu ziehen, ohne irgend jemand zu verletzen.« Ein Fest in einem Garten ist eine Gelegenheit, um sich den anderen einmal anders zu zeigen, und um als Zuschauer und Schauspieler zugleich im Theater zu sein und gleichzeitig Theater zu veranstalten. »Die herrschaftlichen Gesellschaften unterhielten sich mit gefälligen Spielen wie dem Gärtnerspiel, bei welchem Männer und Frauen, als Gärtner verkleidet, über Blumen sprechen, die man als Allegorien der Empfindungen der Seele versteht, eine der zahlreichen Formen dieser Symbolsprache, die das Entzücken der Kavaliere und der Damen war und oft auch in der Farbe der Kleidung amouröse herkömmliche Bedeutungen hatte.« »Diese hat ein grünweißgestreiftes Kleid, das als Abbild einer dieser argentinischen Silberpappeln gemacht zu sein

P. Molmenti
*La storia di
Venezia . . .*
Bd. II, S. 380

G. D'Annun-
zio
Notturno
S. 235

*Giuseppe Briati war der bekannteste unter den Glasbläser-Meistern
von Murano, der aufgrund seiner großen Geschicklichkeit von Murano
nach Venedig übersiedeln mußte, und zwar nach Carmini,
wo eine Straße noch heute seinen Namen trägt.*

scheint, die mit all ihren frischen kleinen Zweigen im Deichwind zittern.« Bei Nicolò Franco heißt es in *La Philena*: »Das Weiß bedeutet Treue gegenüber der geliebten Person, Schwarzrot Festigkeit und Beharrlichkeit, Grün Hoffnung, Gelb Verzweiflung, Fleischrot Schmerz, Blau Eifersucht, Orange Zufriedenheit, Zinnoberrot Rache und Zorn, Purpurfarbe höchste Freude, Aschgrau Seelenpein, Weißgrau Stärke und Violett Liebe...« »Die kleine Rose ist auf sie überpflanzt, es ist die Blume ihres zarten Wesens. Sie ist so rein, so zerbrechlich, so zart gebaut, daß man sie nicht mit etwas Körperhaftem, sondern vielleicht nur mit einem keuschen, unaussprechlichen Gedanken vergleichen kann... Ihre Vollkommenheit ist äußerst flüchtig. Es scheint mir, als sähe ich, wie sich ihre Blütenblätter von einem Augenblick zum anderen öffnen. In der ersten Nacht wird sie offen und vergänglich sein.« Personen suchen und bewegen sich im Garten und ahmen dabei die Gebärden nach, die man bei Statuen oder auf Wandteppichen sieht. »An den Mauerekken stehen Statuen; eine Frau, die einen zinnengekrönten Turm in den Armen hält. Lavendelsträucher, Mohnblumen, Kaisermohn. Vor dem Garten liegt eine Art Atrium oder Vorgarten, von dem aus man Zutritt zum größeren Garten hat, wenn man ein schmiedeeisernes Tor zwischen zwei statuentragenden Säulenbasen öffnet. Dargestellt sind kräftige Männer, die mit ihren Armen junge Frauen

G. D'Annunzio
Notturno
S. 235

G. D'Annunzio
Taccuini
S. 118

hochheben, als raubten sie Sabinerinnen. Da und dort in den Nischen weitere Statuen und eine Laube, die den gepflasterten Weg überdacht.« Feste im Garten oder auf Plätzen. Es scheint, daß für eine gewisse Zeitspanne, insbesondere die vom sechzehnten, siebzehnten Jahrhundert bis zum Fall der Republik, in der für ihre Zügellosigkeit berühmten Stadt Venedig unangefochten die genußsüchtige Atmosphäre herrscht. Im achtzehnten Jahrhundert beschreibt Giacomo Casanova das zu Ehren von Kommens von Joseph II. veranstaltete Fest auf dem Wasser: »...man hatte sich Mittel und Wege ausgedacht, um die Flächen, die die Kanäle einnahmen, zu Gärten werden zu lassen, die von Pflanzen und in schönen Mustern angeordneten lieblichen Blumen geschmückt wurden.« Tassini berichtet von Festen, die Berühmtheit erlangten: »Am 8. August 1742, dem Tag des heiligen Gaetano, ging die Familie des Herzogs von Modena, in Begleitung vieler venezianischer Edelfrauen, zum Palazzo des N. U. Condulmer gegenüber der Kirche der Tolentini, um sich beim Kirchweihfest zu erfreuen. Dort gab es eine schöne Erfrischung, Festbeleuchtung im Garten, Abendmusik, und das alles auf Kosten dieses N. U. Condulmer, der ein berühmter Spieler war und bei der Erbprinzessin viel Geld verdient hatte...« Außer den Statuen und den verschiedenen Ausstattungselementen erregt die Natur selbst in den Gärten Aufsehen. Da ist die Anordnung

G. Casanova
*Istoria delle
turbolenze*
Bd. II, S. 61

G. Tassini
*Curiosità
veneziane*
S. 322

»*Damals prunkten die vornehmen Herren an allen Tafeln mit reizendem Zierat,
dezert genannt. Bestandteile waren häufig Teig, Zucker oder Porzellan und
schließlich beinahe gänzlich aus Glas des bekannten Briati, und sogar
die Staatsbankette des Dogen wurden dadurch verschönert.*«
Tassini, Curiosità Veneziane, *S. 103.*

bestimmter Rosensträucher, ist der *berceau*, der ebenso in den berühmtesten wie in den bescheidensten Gärten niemals fehlt, da sind die Palme oder der Feigenbaum, die mit ihrer Symbolik den Bereichen, in denen sie stehen, vielfältige Bedeutung verleihen. Vermutlich Überreste alter Versöhnungsriten, Fruchtbarkeitssymbole oder des Schutzes vor Krankheiten oder anderem Unglück in einer aufgrund ihrer Lage im Meer abergläubischen Stadt. Wie Tassini berichtet, waren die Gärten in zahlreichen Fällen sehr ausgedehnt. »An den nach der Scuola del Massari erbauten Palazzo Gradenigo in San Simeone Grande anstoßend, erstreckt sich ein weiträumiger Garten, um welchen man in einer vierspännigen Kutsche herumfahren kann, wie man es bis zum Ende des vergangenen Jahrhunderts zu tun pflegte. In ihm veranstaltete man am 10. Februar 1767 eine Stierjagd.« Dieser Garten wurde zwischen 1921 und 1922 zerstört, um einen schnelleren Verbindungsweg zwischen San Simeone Piccolo und der Frari-Kirche zu schaffen. Die Gärten des Palazzo Cappello und des Palazzo Gradenigo sind im vergangenen Jahrhundert ausführlich beschrieben worden. D'Annunzio kommentiert in den *Taccuini* die im Garten des Palazzo Cappello vorhandene Vegetation und vor allem die an der Stelle, wo dieser an den Garten des Palazzo Gradenigo stößt. »Palazzo Cappello. Der Garten längs der Mauer, die ihn vom Gradenigo-Garten trennt, eine Reihe von Lilien, und

G. Tassini
*Curiosità
veneziane*
S. 325

G. D'Annun-
zio
Taccuini
S. 117

zwar hart an der Mauer und gegenüber von mit Jasmin durchsetzten Weinreben. Die Pergolen verlaufen längs der Wege. Obstbäume und Blumen, Birn-, Pfirsich-, Mandel-, Pflaumen, Kirsch-, Mispel-, Aprikosenbäume und Erdbeeren, ganze Beete mit Erdbeeren. Zahlreiche Rosenstöcke – aus einer Art Weihwasserbecken quellen Nelken. Die Rosensträucher sind zu Bögen gekrümmt und bilden eine Art Hütte... Ganze Beete roter Mohnblumen; Bäume, alle voller hochroter Sauerkirschen. Entlang der Mauer eine süße Feuchtigkeit; weiße und violette Schwertlilien.«

Die Namen der Blumen und Früchte stehen hier für die Farben. Man kann sich die Atmosphäre und beinahe den Duft und die angenehme Kühle des Ortes vorstellen. Außer Aufführungen, Jagden, Wasserspielen, Holzbauten, Spazierritten wird in der Handschrift Gradenigo Dolfin das Schachbrett in einem Garten erwähnt: »Marmornes Schachbrett aus quadratischen Steinen in zwei Farben auf dem Fußboden eines Gartens, wo zwei Parteien von Adligen, die sich auf dieses berühmte Spiel verstehen, dadurch, daß sie sich bewegen, ihre eigenen Fähigkeiten sowie die ihrer Spielleiter unter Beweis stellen; mit unterschiedlicher Aufmachung sind sie teils als Könige, Damen, Türme, Springer und Läufer prunkvoll herausgeputzt.«

P. Gradenigo
*Commemo-
riali*
Bd. 8, Kap. 3

*»Hier sah man einen Goldschmied, der neben verschiedenen Gold- und
Silberarbeiten einen Garten darstellte, voller Bäume und Blumen, wo sich Gestalten
aus Gold und Silber im Vorübergehen bewegten und gestikulierten.«*
Ivanovich, Minerva a tavolino, *S. 125.*

F. Colonna
Hypneroto-
machia
Poliphili

GEHEIMNIS. »Die Nymphe in der Mitte hält einen ungewöhnlichen kleinen Zweig aus roter Koralle in der Hand, der auf einen eine Spanne hohen kleinen Berg aus Smaragden gesetzt ist, welcher die Öffnung eines alten, einem Kelch ähnlichen Goldgefäßes verschließt, das so hoch ist wie der kleine Berg und der Korallenzweig zusammen. Das Gefäß ist in einer alten Technik fein gearbeitet. Der Rand des Gefäßes ist mit eichelförmigen Edelsteinen besetzt, das Gefäß selbst schmücken andere Edelsteine. Auf den Verästelungen der Koralle sind sehr geschickt einige geöffnete Blumen angebracht, wie eine fünfblättrige Rose, die teils aus Saphiren, teils aus Beryll sind. In fünf von diesen Blumen finden sich ebenso viele große ›Knöpfe‹ in der Farbe einer Vogelbeere, die, auf goldene Stacheln gesteckt, aus der Mitte der Blume entspringen. ›Ungeheuerliche‹ Perlen schmücken die Äste ohne Blumen... Eine von den Nymphen bietet die von der Koralle gepflückten Früchte an, die einen vorzüglichen, nie zuvor gekannten Geschmack haben.« Im Schatz der Scuola di San Rocco existiert noch heute ein Leuchter, den die Wissenschaftlerin Jasminska Pomarisac De Luigi so beschreibt: »Ein großer hellroter Korallenzweig, auf einem Ädikulaknoten

Venezia e la
peste
S. 330

oberhalb einer breiten Basis montiert, der in sechs breiten und sechs schmaleren Spitzen endet, wurde in einen höchst geschmackvollen Baum mit gotischen Linien verwandelt. In unterschiedlicher Entfernung von den äußersten Enden zweier Verästelungen dienen zwei kleine, mit stachligen Blättern bedeckte Becher als Kerzenhalter. In derselben Art gearbeitete Knospen hängen von den dünnen Zweigen und umschließen bunte Perlen. Die feinen Zweige sind in einer rotbemalten Masse gearbeitet und mit kleinen, vergoldeten Metallzylindern an der Koralle festgemacht. Die senkrechten Bänder des architektonischen Knotens sind, vielleicht um das Rot der Zweige mehr hervorzuheben, mattschwarz bemalt.« Dieser Gegenstand weist viele Ähnlichkeiten mit dem im *Polifilo* beschriebenen auf. Man kann sich gut vorstellen, daß die Grundlage derart genauer Beschreibungen wirkliche Gegenstände waren, Modelle, denen man vielleicht noch etwas an Phantasie hinzufügte. Ungewöhnliche Gegenstände findet man auch heute noch sehr leicht in dieser Stadt, wo die Anhäufung des Vergänglichen obligat ist.
Seltenheiten wie die eben beschriebene werden zuweilen von Liebhabern und

Schatz der Scuola Grande di San Rocco, 14. Jahrhundert;
getriebenes Silber, ziseliert, vergoldet, Koralle; 46,5 × 36,2 cm.
Dem Polifilo *entnommener Kupferstich; die Ähnlichkeit mit dem*
oben abgebildeten Leuchter ist bemerkenswert.

Seiten 139/140: Jahrhundertealte Glyzinien findet man in
zahlreichen Gärten u. a. in denen der Bennati, Levi
Morenos, Rocca sowie in der Pensione Accademia.

Laien gehütet und bewundert. In der besonderen Welt des kleinen venezianischen Gartens nehmen mitunter Gegenstände wie Amphoren, Steine, Fliesen und reichverzierte Marmorreste die Aufmerksamkeit dessen gefangen, der dort verweilt. Es sind Hinweise einer stummen, aus Anspielungen auf unbekannte Riten oder Welten bestehenden Kultur. »An der Landspitze der Sacca della Misericordia gibt es das *casino degli Spiriti*, so genannt aufgrund der geheimnisvollen Geräusche, die man dem Hörensagen nach dort vernimmt und die vielleicht vom Wind verursacht werden oder aufgrund des Echos, das deutlich alle Worte, die gesprochen werden, vom Casino bis zum äußersten Ende der Fondamenta Nuove zurückschickt. Ein Phänomen, das mitunter vom Aberglauben des Volkes für ein teuflisches Omen gehalten wird.« Geheimnisvolles will hier auf verschiedene Situationen anspielen, die an esoterische Erfahrungen oder magische, bzw. Weissagungspraktiken gebunden sind, von denen sich in Gärten oder an Palazzi angrenzenden Bereichen Fragmente oder die Atmosphäre erhalten haben. Geometrischen Proportionen spiegeln die gute Vorbedeutung der Sterne wider, auf der Suche nach einer Harmonie, deren Spuren zu allen Zeiten überall in der Welt sichtbar sind. »Diesen Garten Venedigs würde ich am meisten lieben, wenn ich ihm nicht den des Palazzo Dario vorzöge, der vollkommen quadratisch und von kleinen Wegen regelmäßig geteilt ist. Mit Tuniken bekleidete Frauen stützen eine Pergola: Sie sind dick und freudig, haben große Brüste und füllige Bäuche, auf denen der Nabel im Holz, aus dem sie geschnitzt sind, deutlich markiert ist. Stolz stützen sie die Weinstöcke, das Laub, die Weinblätter und die Trauben. Im Hintergrund steigt der Strahl eines Springbrunnens in einem Marmorbecken auf, und sein Geräusch übertönt alles und läßt gleichsam das Schweigen, über das es sich legt, Tropfen um Tropfen überfließen.« Dieses marmorne Brunnenbekken, das von dem Spiegel im Hintergrund vervielfältigt wird, verleiht dem kleinen Bereich des Gartens der Ca' Dario etwas Geheimnisvolles und macht ihn zugleich kostbar. Es ist nicht gesagt, daß man für jedes Symbol eine Erklärung finden kann; im Gegenteil, mitunter macht das Fehlen einer solchen jedes Detail nur rätselhafter und dunkler. »Das Bild einer Treppe bedeutete für ihn seinen eigenen Aufstieg: Er hatte es schon in dem verlassenen Garten auf dem Wappen der Gradenigo gesehen...« »Im Hintergrund steht ein kleiner offener Tempel auf acht steinernen Säulen. Auf dem Giebel fünf Statuen der Jahreszeiten und der nackte Sonnengott – beim Eintreten sieht man rechts, jenseits der Mauer, die Zypressen, die große, sich ganz harmonisch einfügende Pinie und die schmutziggrüne Kuppel von San Simeone Piccolo. Das Innere des Tempels, die Rückwand ist von fast zerstörten Fresken bedeckt. Eine Frauengestalt in der Mitte bewahrt noch die fleischfarbene Frische; vor sich hat sie eine Art marmornen Altar, auf den man nur allzugern Blumen legt.«

G. Tassini
*Curiosità
veneziane*
S. 586

H. de Régnier
*Esquisses
vénitiennes*
S. 10

G. D'Annunzio
Il fuoco
S. 204

G. D'Annunzio
Taccuini
S. 117

Tizian hatte einen schönen Garten mit Blumen und Bäumen, in den er über eine Außentreppe hinabstieg. Hier habe er, so sagt man, den berühmten Baum für das Bild Der Heilige Petrus als Märtyrer *studiert. Häufig empfing er die berühmten Männer seiner Zeit, Sansovino und Aretino.*

Reste emblematischer Bauten wie das Tempelchen vom Palazzo Cappello bezeugen die Existenz mancher klassischen Kulthandlung, wie auch das reine Vergnügen am Spazierengehen und Meditieren. Mehr als alles andere dringen heidnische Gottheiten in das ein, was heute noch vom Garten übrig ist. Zwei Cäsarenstatuen stehen an der rechten Wand des gepflasterten Gartenteils nahe beim Palazzo. Der berühmte, heute vollkommen verlassene Garten bewahrt selbst in seinem ungeheuerlichen Verfall einen Zauber, dem man sich schwer entziehen kann. Verläßt man den weiträumigen Hausflur des Palazzo Cappello, geht man im gepflasterten Bereich über zusammenhängende Steine. Die kleine Trennmauer, die ihn vom übrigen Garten abteilt, ist von ursprünglicher Vegetation bedeckt. Auf den Pfeilern, die die beiden Gärten trennen, sind noch drei Statuenpaare geblieben. Im Grün zeugen umgestürzte oder zerbrochene moosbedeckte Statuen von endgültig vergangenem Glanz. Die Hecke aus Pittosporum ist auf den gepflasterten Weg vorgedrungen. Im Hintergrund stehen die Überreste des Tempels, an den D'Annunzio erinnert. Ein weiterer Garten voller Rätsel und geheimnisvoller Faszination ist der Mocenigo-Garten in San Sebastiano, auf den sich wahrscheinlich H. de Régniers Zeilen beziehen: »Ich erinnere mich an einen von ihnen, in der Gegend von San Sebastiano, dessen Namen ich nicht mehr weiß; er wurde von alten, verfallenden Statuen bewohnt, die Helden und Götter waren.« Der Raum ist sehr schattig, in der Mitte befindet sich ein Springbrunnen mit einem statuengeschmückten Becken. Rechts liegt ein *gazebo* mit Bänken aus geflochtenem Schmiedeeisen; im Hintergrund bildet eine Exedra mit runden Öffnungen einen für Einweihungsriten gedachten Raum. Die Statuen des Bildhauers Hennessy tragen dazu bei, die Atmosphäre des Geheimnisvollen zu verstärken. Auch Blumen und Früchte kann man auf heidnische oder esoterische Riten zurückführen. »Die Granatapfelbäume wie Leuchter von Flämmchen brennend, die halb Blume sind und halb Frucht, halb Licht und halb Wachs. Die

G. D'Annunzio
La Leda senza cigno
S. 148

Köpfe der Mohnblumen, so hoch wie die junge Proserpina, gekrönt von der neunzackigen, schlafeinflößenden Krone. Die kleinen, gebündelt stehenden Nelken, die die frommen Venezianer Christusauge nennen und ihr die Nelken der Dichter, die fast wie auf ein hellgrünes Seidenkleid aufgestickt sind. Die Ackerstiefmütterchen in gelben, weißen, violetten Teppichen; die Röschen in Dolden, in Trauben, als Hütten, als Kaskaden, die Monatsrosen als Hecken, als Sträucher, als Felder.«
Märchen entstehen und verbreiten sich, um das unabwendbare Rätsel der bisweilen wohlwollenden, bisweilen schlimmen Natur zu deuten. »Am nächsten Tag, gegen Abend, besichtigten wir jenen nach Norden gelegenen Garten, der zwischen Madonna dell'Orto und der Sacca della Misericordia liegt und von Tomaso Contarini angelegt wurde, dem Prokurator von San Marco und Bruder jenes Kardinals Gaspare, der ein aufrichtiger Freund Vittoria Colonnas war. »Es ist kein ungeordneter, reichhaltiger Garten wie der auf der Giudecca, eine glühende Mischung von Düften und Gewürzen. Auf den Spuren des sechzehnten Jahrhunderts ist er kunstvoll neu gestaltet worden, insgeheim entworfen, den Sälen und Zimmern im Erdgeschoß eines Sommerpalais ähnlich, wo man eine Saison über wie eine wohlerzogene Edelfrau wohnt, die sich aber nicht scheut, ihre sanfte Anmut durch eine gewisse Nachlässigkeit zu beeinträchtigen... Nontivolio ging mit seinem Schritt einer ›Windhündin‹ über einen Fußboden von weißen und roten Quadraten, der von Buchsbaum, nicht dicker als eine Girlande, gesäumt war; und unter dem besonders hohen Absatz glänzte der Veroneser Marmor wie prächtiger Porphyr. Durch die Gänge der Lauben gingen wir von Wohnung zu Wohnung. Die Pergolen wurden von alten Säulen, alten Kapitellen, alten Balken gestützt, wo das Laub sich anscheinend noch nicht darüber trösten konnte, daß es die Blume getragen und sie fallengelassen hatte... Wir betraten ein Musikzimmer. Die Wandteppiche waren grün, grün die Teppiche...«

G. D'Annunzio
Taccuini
S. 117

G. D'Annunzio
La Leda senza cigno
S. 148

G. D'Annunzio
La Leda senza cigno
S. 150

GEGENWART DES ABWESENDEN

*Details, die auf magische Rituale anspielen, konzentrieren sich
vorwiegend, gerade um dem Besucher gegenwärtiger zu sein
und in seiner Erinnerung lebendiger zu bleiben, an besonderen
Punkten im Garten: den Durchgängen.*

EINWEIHUNG. Weiter weg, jenseits des dichten Gehölzes und des kleinen künstlichen Hügels öffnet sich eine kleine Allee. Unverbundene, wahllos zusammengesetzte Steinstücke bilden eine niedrige Mauer und grenzen den grünen Teil des Gartens des Seminario Patriarcale von demjenigen ab, der den Freizeitaktivitäten gewidmet ist. Am Ende des kleinen Mäuerchens stößt man unerwartet auf ein mit Raffinesse gemeißeltes steinernes Objekt. Es handelt sich um eine längliche Schnecke, die in Renaissancemanier behauen ist. Das Auge folgt langsam dem konzentrischen Lauf der Schnecke, es ist ein zufällig dorthingestelltes Objekt, das seine ursprüngliche Funktion verloren hat, wahrscheinlich war es die Verzierung einer Freitreppe, und gerade das verstärkt seine Faszination, es steht grundlos dort, man hat es dort hingesetzt, weil es der schönste, der am delikatesten bearbeitete Stein war, und in Maß wie Ausführung der würdige Abschluß eines spontanen Einfalls.

Die Idee des konzentrischen, des Arabesken, der Volute liegt dem Entwurf des herzförmigen Labyrinths im Garten des Palazzo Brandolini d'Adda zugrunde. Von oben, aus den Fenstern des zweiten Stockwerks, sieht man klar, daß die niedrige Buchsbaumhecke den ganzen Freiluftbereich einnimmt. Er wandelt sich zu einem Einweihungspfad, in dem die konzentrischen Voluten die Strecke und die Zeit vervielfältigen, deren es bedarf, um ihnen entweder mit den Schritten oder mit dem Auge zu folgen. Es ist die Vorbereitung und die Verwirklichung der Allegorie der Liebe, in der übergroße Nähe blind macht. Von nahem scheint es nur eine Hecke aus Buchsbaum, die in Form kleiner Wege angelegt ist, doch aus der Ferne enthüllt sich die Form, ein in Venedig seltenes Beispiel derart genauer Bezugnahme auf Liebesriten. Von der Renaissance inspirierte Voluten und Muster finden sich auch an anderen Objekten, beispielsweise auf der einzigen Fliese mit Gravuren, die in einem Weg aus kaum behauenen Steinen anzeigt, daß dieser Punkt den Wechsel zwischen zwei Elementen kennzeichnet: dem horizontalen Rasen und der senkrechten Hecke. In den Freiluftbereichen, die unter dem Einfluß der neuplatonischen Kultur angelegt wurden, stoßen wir vielfach auf rätselhafte Details. Auf magische Rituale anspielende Details konzentrieren sich vorwiegend an besonderen Punkten im Garten: den Durchgängen – um dem Besucher gegenwärtiger zu sein und in seiner Erinnerung lebendig zu bleiben. Es ist noch wichtiger, hier den strukturellen Entwurf des Renaissancegartens in Venedig zu unterstreichen; nichts war dem Zufall überlassen, auch die Vegetation wurde geplant; was wir heute sehen, ist das Ergebnis aufeinanderfolgender Schichtungen. Man kann trotzdem versuchen, den ursprünglichen Entwurf zu rekonstruieren. Dazu ist es notwendig, sich wieder in die Logik einer »Zeit« zu versetzen, die ohne die Bedrängnisse des Alltagslebens langsam gelebt werden will. »Doch wir erfreuen uns weiterhin an dem schönen Garten, auf den unsere Fenster blickten. Er war voller Oleander und Rosen und anderer bunter, duftender Blumen, die wir uneingeschränkt genießen konnten, ohne ihren botanischen Namen zu wissen, und ich kann nicht sagen, ob der Garten in seiner sommerlichen Pracht faszinierender war oder dann, wenn manchmal im Winter ein Wind aus den Bergen seine zarten Triebe mit dahinschwindenden

W.D. Howells
Venetian Life
S. 360

Schneespritzern überzogen hatte. In jeder Jahreszeit standen die hohen Mauern des Palazzo über ihm und schlossen ihn in eine nachdenkliche Abgeschiedenheit, die die Mutter und die ältere Schwester des Malers so liebten. Diese spazierten häufig die moosbedeckten Wege entlang, schweigsam wie die Rosen und die Oleander, mit denen gemeinsam – hätte man sich vorstellen können – die Blume ihrer Jugend verblüht war; manchmal kamen würdevolle, schwarzgekleidete Priester – die Familie des Malers war besonders fromm –, und abgesehen von ein paar Schnupfern des Priesters nach einer Prise Tabak, sprachen sie ganz leise, um das Schweigen nicht zu stören. Soweit wir wußten, waren die Mauern des Gartens die eigentliche Schwelle des Lebens dieser Frauen.« In Venedig ist die zeitliche Dimension einzigartig. Was für andere Städte ein unerklärliches Hindernis für die Arbeit und die Produktivität ist, wird hier zu einem Vorteil Der Ehrfurcht vor der Zeit mit ihren langen Intervallen ist für den, der aus der Metropole kommt, eine gefühlsmäßige Voraussetzung, um die von Venedig selbst diktierten Bedingungen zu akzeptieren. Sich an seine Rhythmen zu gewöhnen heißt, das zu genießen, was es zu bieten hat.

Das wirkliche Betreten des Gartens oder eines Teils von ihm ist voller Elemente der Erwartung, um das »Hinübergehen« von einem zum anderen Ort, von einer zur anderen Schwelle, von einem zum anderen Ufer zu unterstreichen. Die Boote werden zu Brücken, zunächst aus Holz, dann aus Stein. Auch heute noch ist im Tagliapietra-Garten hinter der Kirche San Leonardo, in der Strada Nuova, eine Brücke orientalischen Geschmacks erhalten, die zwei kleine künstliche Hügel verbindet, ein in Venedig seltenes Beispiel. Sie ist aus grün gestrichenem Holz und verfließt mit dem Efeu, der alles überwuchert. Sie dient dazu, einen von Bäumen und Sträuchern abgeschlossenen Bereich vom übrigen Garten schützend abzugrenzen. Die Natur ist immer gegenwärtig, nicht nur als eine in Formen und Verhältnissen bestehende physikalische Wirklichkeit, sondern auch mit all ihren subtilen und verborgenen symbolischen Bedeutungen. Eine Wand aus Efeu rahmt die Eingangstür des Brandolin-Gartens ein, begleitet den Besucher von draußen nach drinnen; auch zwei Oleander bereiten die Verwandlung der unmittelbaren Umgebung vor. Die beiden Engel in ihrem Schatten fügen geheimnisvolle Doppeldeutigkeit hinzu. Unter der Vielzahl der dem Efeu zugeschriebenen Bedeutungen ist in diesem Fall gerade die von Plinius dem Jüngeren berichtete am zutreffendsten: Nach ihm ist der Efeu ein doppeltes Symbol, nämlich des Todes und des ewigen Lebens: des Todes, weil er die Pflanzen, an denen er sich festrankt, zerstört; des Lebens, weil er immergrün und schwer auszurotten ist. Dieselbe Doppelbedeutung wird dem Oleander zugeschrieben, der nach Meinung einiger das Leben dessen schützt, der in seinem Schatten schläft, nach der anderer hingegen dadurch den Tod bringt. Das Tor wird demnach

Im Polifilo *wird mit eigensinniger Genauigkeit ein Beet im Garten von Kythera beschrieben. Es ähnelt der nebenstehend abgebildeten Fliese. Das Renaissance-Ebenmaß, wenngleich nur angedeutet, wirkt beruhigend.*

nicht nur ein wirklicher, sondern ein symbolischer Durchgang, Fragen und Hinweise vervielfachen sich und erweitern diese Schwelle bis zum Unendlichen. Die *selva oscura** deutet nicht nur auf eine unbekannte komplexere und schwierigere Welt, sondern auch auf ein Leben hin, das Zweifel und Unsicherheiten enthüllt, erleuchtet und entwirrt. Die Natur stellt das Bindeglied der zwischen dem Maximum des Realen, dem Leben, und dem Maximum des Irrationalen, dem Tod. Sie begünstigt die Begegnung zwischen Menschlichem und Göttlichem. »...Und er ging hinaus nach seiner Gewohnheit an den Ölberg.« Aus vier verschiedenen Hölzern ist das Kreuz geformt: Oliven-, Zedern-, Palmen- und Zypressenholz, um gleichsam auszudrücken, daß die Einheit der ganzen Natur den Übergang zwischen Leben und Tod begünstigt. Jeder religiöse Ritus hat seine Versöhnungssymbole: Gesten, Worte, Gesänge, Elemente der Natur wie Wasser, Pflanzen und Blumen, die die Annäherung an die übernatürliche Welt begleiten und begünstigen. Gegenstände, die an den Ritus der Reinigung erinnern, finden sich häufig an den Übergangsstellen zwischen der äußeren Welt und der heiligen Stätte, wie zum Beispiel das Weihwasserbecken im Garten des Redentore auf der Giudecca.

Lukas 22, 39 (margin note)

Andere antike Elemente der Natur waren furchteinflößende Boten, die von verbotenen Stätten fernhielten. Die verschiedenen Ungeheuer mit hundert Köpfen und solche wie der Minotaurus waren so vollkommene Wächter, daß es allenfalls den Heroen vergönnt war, ihnen ihre Geheimnisse zu entreißen. Auch heute noch lassen seltsame Ungeheuer im Guggenheim-Garten, einfache Stützen von Bänken, mythische Legenden aktuell erscheinen. Es ist kein Zufall, daß man sich, sobald man die Bänke passiert hat, dem Ort nähert, der für die Eigentümerin der heiligste war, der Stelle, wo die Gebeine ihrer Hunde und heute ihre eigene Asche bestattet sind. » – nie mehr? – Sie schritt unter den Laubengängen dahin, ging in Richtung des Wassers, blieb auf der grasbewachsenen Anhöhe stehen, fühlte sich erschöpft, setzte sich auf einen Stein, drückte die Handflächen gegen ihre Schläfen, machte eine Anstrengung, um sich zu sammeln, um sich wieder in die Gewalt zu bekommen, um sich zu besinnen, um zu überlegen.« Neue Welten, die es zu entdecken gilt, Welten von Gedanken, Tod, Liebe, wo die Gefühle nur für Eingeweihte und vor dem, der sie nicht verstehen kann, geschützt sind. In der mittelalterlichen Literatur, in der sich die Freuden an der »frischen, herrlich duftenden Rose« in zarte auf das Geheimnis des Verliebtseins anspielende Metaphern auflösen, sind die Gärten ein Schauplatz kühner Unternehmungen. Kleine Rosenhaine, Brunnen,

G. D'Annunzio Il fuoco S. 356 (margin note)

* ein »finsterer Wald«, allegorischer Begriff aus Dantes Inferno, 1. Gesang, Vers 2 / A.d.Ü.

»Doch abgesehen von den kleinen Gärten der Palazzi, wo hier und da ein Feigenbaum
sein Haupt über eine hohe Steinmauer erhebt, erkennt man den Frühling nicht
an der Knospe, die sich öffnet und an dem Blatt, das sich entfaltet:
Es ist nur die menschliche Natur, die ihn willkommen heißt.«
Howell, Venetian Life, *S. 55.*

Wasserstrahlen, Düfte und all jene Symbole, die im Orient einen Teil der erotischen Literatur bilden, kommen immer wieder vor. Auch in den Gärten Venedigs hielten Luxus und Exotentum die Erinnerung an Reisen in ferne Länder lebendig, wo die Natur und die Märchen verschieden, so sehr verschieden von denen des Westens waren. »Sie (die Venezianer) prunkten mit bizarr verflochtenen Gittern, mit Vasen, Bögen, Balustraden, mit Bogengängen und Statuen, sie hatten ihre Freude an einem Überfluß an klaren, fließenden Wassern, die bald ruhig von marmornen Becken aufgenommen wurden, bald in murmelnden Rinnsalen flüchteten, hier in kleinen Wasserfällen schäumten, die das Moos an aufgehäuften Felsen beregneten und dort sprühend in Regen aufgelöst, zu Schleiern geglättet, zu Spritzern, zu Quellen und Strahlen von seltsamen Formen und Figuren gebrochen waren; im Vordergrund weisen diese Gärten in ihrer Weitläufigkeit symmetrische Beete mit den schönsten Blumen auf, während sie in dunklen, schattigen Wegen enden: Wenn sie vor allem die Kunst dessen enthüllten, der sie schuf, drückten sie wenigstens nicht die unglückliche Anmaßung aus, mit der Natur darin zu wetteifern, deren unnachahmliche Werke nachzubilden...« Der Aufbau des symbolischen Gartens mit Anspielungscharakter wiederholt sich: »Meine Schwester, liebe Braut, du bist ein verschlossener Garten, eine verschlossene Quelle, ein versiegelter Born.

R. De Visiani
*Delle bene-
merenze*
S. 17

Dies Hohe
Lied 4, 12–16

Du bist gewachsen wie ein Lustgarten von Granatäpfeln mit edlen Früchten, Zyperblumen mit Narden, Narde und Safran, Kalmus und Zimt, mit allerlei Weihrauchsträuchern, Myrrhe und Aloe, mit allen feinen Gewürzen. Ein Gartenbrunnen bist du, ein Born lebendigen Wassers, das vom Libanon fließt. Steh auf, Nordwind, und komm, Südwind, und wehe durch meinen Garten, daß der Duft seiner Gewürze ströme! Mein Freund komme in seinen Garten und esse von seinen edlen Früchten... Mein Freund ist hinabgegangen in seinen Garten, zu den Balsambeeten, daß er weide in den Gärten und Lilien pflücke. Mein Freund ist mein, und ich bin sein, der unter den Lilien weidet.« Auf vielen Stichen, die auf die mittelalterliche Welt Bezug nehmen, finden wir die kleine Mauer und das hölzerne Gitter wieder, mehr oder weniger offensichtliche Einfriedungen, die dem Zweck dienen, die Tätigkeitsbereiche getrennt zu halten, aber auch dazu, eine Unterbrechung, einen Zwischenraum zwischen der landwirtschaftlichen und der privaten Zone zu schaffen. Der Garten, der mehr als andere dem Besucher das bestimmte Gefühl gibt, einen großen Raum zu betreten, zu durchschreiten und zu betrachten, ist vielleicht der des Palazzo Zenobio, heute Collegio degli Armeni. Vom Hausflur geht man in einen offenen Hof, wo ein Gittertor den Zugang zu einem überaus weiten Grünbereich mit Beeten und Pflanzen bildet, die in besonderer Art und

In Venedig ist die zeitliche Dimension einzigartig. Die Ehrfurcht vor der Zeit ist eine gefühlsmäßige Voraussetzung, die Gegebenheiten der Stadt annehmen zu können.

Seiten 150/151: Die beiden Engel, die den Eingang bewachen, sowie Oleander und Efeu, leiten über vom Hof in den repräsentativen Bereich des privaten Gartens.

Weise geschnitten sind. Im Hintergrund liegt die später von Temanza erbaute Bibliothek, die Erinnerungen an die für die wichtigsten venezianischen Gärten typische Bauweise des Nymphäums wachruft. Der Raum wird zu einem Vorwand, um zwei unterschiedliche Funktionsbereiche zu verbinden, oder besser, zu trennen. Hat man das Bibliotheks-Nymphäum erreicht, wechselt die Perspektive, die man aus dem Säulengang hat, und es bieten sich unerwartete Ausblicke, die die möglichen Wege der Interpretation vermehren. Es ist, als wenn der Eingeweihte beim Verlassen des Gebäudes schon den ersten Schritt in Richtung eines Universums getan hätte, das ihm allmählich die Wahrheit enthüllen wird. Die geschwungenen Linien der zwei Wege führen zu entgegengesetzten Zielen. In der Mitte gabelt sich ein Baumstamm und verleiht diesen Gegenübern mehr Dramatik. Das Zögern vor einer Tür, die sich öffnet, ist ein häufig wiederkehrendes Symbol für die Unsicherheit in den wichtigsten Momenten des Lebens. Im *Polifilo* wird die Tür, die man durchschreiten muß, zu einer Qual. Die Tür ist das Symbol für das Leben, das es zu wählen gilt, und zwischen dem Himmlischen Ruhm, dem Ruhm der Welt und den Freuden der Liebe entscheidet sich Polifilo nach langem Zögern für die Tür der Liebe. Das Zögern zeigt sich in der peinlich genauen Beschreibung der Einzelheiten von Architektur und Natur, aber am Ende gewinnt die Neugier die Oberhand.

»Und so stellte ich noch folgende Vermutung an: ›Vielleicht ist im Innern der ehrwürdige Altar der geheimnisvollen Opfer und der heiligen Flammen oder die Statue der göttlichen Venus, das heißt, ihr und ihres bogen- und pfeilbewehrten kleinen Sohnes hochheiliges Aphroditen-Standbild.‹ Und während ich in frommer Verehrung den rechten Fuß auf die geweihte Schwelle setzte, lief mir von vorn eine flüchtende schneeweiße Maus entgegen. Als ich mit einemmal mit suchendem Blick ohne weiteres Nachdenken ein paar Schritte in den offenen glänzenden Raum gemacht hatte, bot sich mir etwas dar, das ewiger Verehrung wert war.« Am Ende des neunzehnten Jahrhunderts, unserer Zeit näher, greift Aubrey Beardsley in seinem Buch *Under The Hill*, einer Metapher der legendären Reise Tannhäusers ins Reich der Venus, noch einmal das Thema Polifilos auf, wobei er dessen Stil mit ironischerem Geist nachahmt. Zu Beginn des Romans befindet sich der Hauptdarsteller in einem wilden Wald am Eingang des Venusberges. Es ist Abend, und es ist ein »wonniger Moment, um ins Exil zu gleiten«. Der Hauptdarsteller gleitet zwischen der einen und der anderen Welt hin und her, die Natur ringsum ist voller fabelhafter Anspielungen, sie scheint verrückt geworden zu sein: »Riesige Nachtfalter mit majestätischen Flügeln, die auf königlichen Tapeten und Stoffen gefeiert haben mochten, schliefen auf den Säulen, die den Eingang flankierten, und all die

F. Colonna
Hypnerotomachia Poliphili

A. Beauchsley
Story of Venus and Tannhäuser
S. 29

Auf dem Erdboden findet man Marmorstücke mit Hinweisen auf ihre ursprüngliche Funktion. Manchmal werden sie am Ort belassen, weil sie – aus dem Zusammenhang gelöst – um ihrer selbst willen schön sind.

aufgerissenen Augen brannten, bis sie in einem Netzwerk von Adern zerplatzten.« Der ungepflegte Garten erinnert oft an ein Rätsel, des knotenartigen Gewirrs, das man lösen und verstehen muß. Es scheinen nur unordentliche Räume zu sein; sie verbergen noch dunklere Geheimnisse. Wie Polifilo zögert Abbé Tannhäuser ängstlich, bevor er eintritt: Heilige und profane, mittelalterliche und Renaissanceriten treffen im entscheidenden Augenblick das Eintretens zusammen: »Eine wilde Rose hatte sich zwischen den Spitzen seines Kragens verfangen, und in einem ersten

Aufwallen von Grimm wollte Tannhäuser sie jäh abreißen und die anmaßende Blume mit großer Strenge züchtigen. Doch die üble Laune währte nur einen Augenblick; denn in diesem kühnen Blütenblätter-Angriff dieses so zarten Dings lag etwas so köstlich Absurdes, daß der Ritter mit entrüsteten Fingern innehielt und entschied, daß die wilde Rose dort bleiben sollte, wo sie sich verfangen hatte, gleichsam ein Passierschein von der Ober- zur Unterwelt.«

Ein separater Winkel, der von Wein und kleinen Gittern abgeschlossen ist. Es ist einer von vielen, die man nur über Wege erreichen kann, die man kennen muß.

Seiten 154/155: »Die Rose war auch die Blume des Stolzes und der triumphierenden Liebe, weil sie die Blume der Venus, der Göttin der Liebe, war.«
Levi d'Ancona, The Garden of the Renaissance, S. 330.

Lageplan

Enel	1
Altieri	2
Orsoni	3
Pinzocchere	4
Carmelitani Scalzi	5
Lion-Cavazza	6
Gobbetto	7
Tagliapietra (ex Querini Papozze)	8
Grimani (Vendramin Calergi)	9
ex palazzo Contarini	10
Ca' Tron	11
Palazzo Belloni Battagia	12
Serviti	13
Candiani	14
Patarol (ex palazzo Della Vecchia)	15
Zennaro	16
Casa Card. Piazza	17
Contarini dal Zaffo (Casin dei Spiriti)	18
Abbazia della Misericordia	19
ex palazzo Tiepolo	20
Bellinato	21
Levi Morenos	22
Morosini del Giardin	23
Gradenigo	24
Cappello	25
Salmistrari	26
Casellati	27
Torres	28
Palazzo Minotto	29
Bastianello	30
De Michelis	31
Associazione Bocciofili	32
Scuola di Servizio Sociale	33
Battistello	34
Cavenago	35
Cardazzo	36
Crolle	37
Armeni (Ca' Zenobio)	38
Soccorso	39
Mocenigo Casagrande	40
Cosulich	41
Lorenzon	42
Lazzarini	43
Cassetti	44
Fullin	45
Höhs	46
Giove	47
Montin	48
Gaggia	49
Balboni	50
Chiari	51
Ferruzzi	52
Pensione Accademia	53
Palazzo Contarini degli Scrigni	54
Donati	55
Lucheschi	56
Brandolini d'Adda	57
casa M.me Stern	58
Basadonna Recanati	59

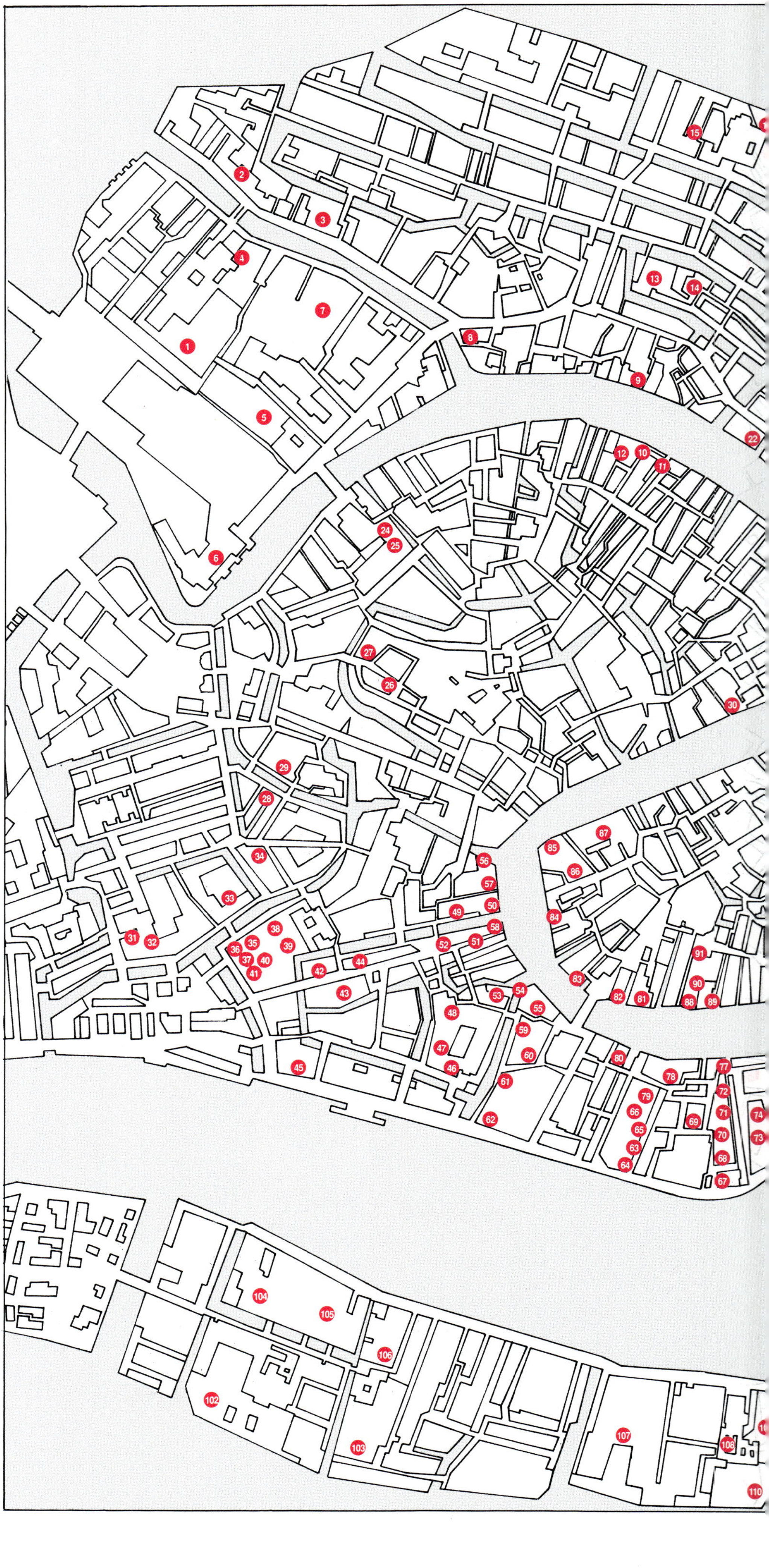

Bibliographie

AGOSTINO (Santo), *Le confessioni,* tradotte da Onorato Tescari, Torino, Società editrice internazionale, 1925 (Augustin, Bekenntnisse [Bibl. d. alten Welt] München, Artemis, 1982).

ALBERTI, LEON BATTISTA, *L'architettura. De re aedificatoria,* Milano, Il Polifilo, 1966, 2 vol. (Zehn Bücher über die Baukunst, Darmstadt, Wiss. Buchges., 1975).

ALVERÀ BORTOLOTTO, ANGELICA, *Storia della ceramica a Venezia: dagli albori alla fine della Repubblica,* Firenze, Sansoni, 1981.

Architettura et utopia nella Venezia del Cinquecento, a cura di Lionello Puppi, Milano, Electa. 1980.

ARCHIVIO DI STATO DI VENEZIA, *Ambiente scientifico veneziano tra Cinque e Seicento: testimonianze d'archivio: mostra documentaria 27 luglio – 6 ottobre 1985,* Venezia, 1985.

ARETINI, PIETRO, *Lettere (1538),* a cura di Francesco Flora, Milano, Mondadori, 1960 2 vol.

AZZI VISENTINI, MARGHERITA, »Per un profilo del giardino a Venezia e nel Veneto«, in *Comunità,* nov. 1985.

AZZI VISENTINI, MARGHERITA, *L'orto botanico di Padova e il giardino del Rinascimento,* Milano, Il Polifilo, 1984.

BALSTON, MICHAEL, *The Well-Furnished Garden,* London, M. Beazley, 1986.

Barocco europeo e barocco veneziano, a cura di Vittore Branca, Firenze, Sansoni, 1962.

BARON CORVO, pseud. [Frederick Rolfe], *Il desiderio e la ricerca del tutto: un romanzo di Venezia moderna,* Milano, Longanesi, 1963.

BASALDELLA, FRANCESCO, *Giudecca: cenni storici,* Venezia, F. Basaldella, 1983.

BASSI, ELENA, *Architettura del Sei e Settecento a Venezia,* Napoli, Edizioni scientifiche italiane, 1962.

BASSI, ELENA, *Il Convento della Caritá,* Vicenza, Centro internazionale di studi di architettura »Andrea Palladio«, 1971.

BASSI, ELENA, *Palazzi di Venezia; Admiranda urbis Venetae,* Venezia, Stamperia di Venezia, 1976.

BATTILANA, MARILLA, *Scrittori inglesi a Venezia (1350–1950): antologia di testi in lingua originale,* Venezia, Stamperia di Venezia, 1981.

BATTILANA, MARILLA, *Venezia sfondo e simbolo nella narrativa di Henry James,* Milano, Laboratorio delle arti, 1971.

BEARDSLEY, AUBREY, *Sotto il monte: storia di Venere e Tannhäuser,* Bari, De Donato, 1970.

BEARDSLEY, AUBREY, *The Story of Venus and Tannhäuser or »Under the Hill«: a Romantic Novel,* London, Academy, New York, martin, 1974 (Venus und Tannhäuser, München, Heyne, 1985).

BEARDSLEY, AUBREY, *Under the Hill and Other Essays in Prose and Verse,* Paddington, 1977.

BEIGBEDER, OLIVIER, *Lexique des symboles,* Genf, 1969.

BELLAVITIS, GIORGIO; ROMANELLI, GIANDOMENICO, *Venezia,* Roma, Bari, Laterza, 1985.

BEMBO, PIETRO, *Lettere / di M. Pietro / Bembo / a principi et signori / et Suoi Famigliari, Amici Scritte, / divise in dodici libri,* Venezia, appresso Giovanni Alberti, 1587.

Bissone, peote e galleggianti: addobbi et costumi per cortei e regate, a cura di Giandomenico Romanelli e Filippo Pedrocco, Venezia, Alfieri, 1980.

BISTORIT, GIULIO, *Il Magistrato alle Pompe nella Repubblica di Venezia,* Bolognia, Forni, 1969.

BLANC, CHARLES, *De Paris à Venise: notes au crayon,* Paris, Hachette, 1857.

BONFANTI, LICINIO, *L'isola della Giudecca,* Venezia, Libreria Emiliana, 1930.

BONLINI, CARLO, *La gloria della poesia e della musica contenute nell'esatta notizia de' teatri della città di Venezia...,* Venezia, Carlo Bonarigo Stampatore, 1730.

BOSCHINI, MARCO, *La carta del navigar pitoresco,* a cura di Anna Pallucchini, Roma, Istituto per la collaborazione culturale, 1968.

BRANCA, VITTORE, *Storia della civiltà veneziana,* (Autunno del Medioevo et Rinascimento), Firenze, Sansoni, 1979, vol. 3.

BROWN, HORATIO F., *Life in the Lagoons,* London, Rivingtons, 1904[4].

Brusatin Manlio, *Arte della meraviglia*, Torino, G. Einaudi, 1986.

Brusatin, Manlio, »Construzione della campagna e dell'architettura del paesaggio«, in *La città di Padova*, a cura di C. Aymonino, Roma, 1970.

Brusatin, Manlio, *Storia dei colori*, Torino, G. Einaudi, 1983².

Burckhardt, Jacob, *The Civilization of the Renaissance in Italy: an Essay*, Londra, Phaidon 1960 (Die Kultur der Renaissance in Italien. Ein Versuch, Stuttgart, Kröner, 1985).

Burnett, Frances Hodgson, *The Secret Garden*, New York, J. B. Lippincott, 1985 (Der geheime Garten, München, Dt. Taschenb. Verlag, 1978).

Cacciapaglia, Giacomo, *Scrittori di lingua tedesca a Venezia dal XV secolo a oggi. Deutschsprachige Schriftsteller und Venedig vom XV. Jahrhundert bis heute*, Venezia, Stamperia di Venezia, 1985.

Calas, Nicolas; Calas, Elena, *The Peggy Guggenheim Collection of Modern Art*, New York, H. N. Abrams, 1960.

Calvesi, Maurizio, *Il sogno di Polifilo Prenestino*, Roma, Officina, 1980.

Canal, Martino da, *Les histoires de Venise*, a cura di Alberto Libertani, Firenze, Leo S. Olschki, 1973.

Capello, Giovanni Battista, *Lessico farmaceutico-chimico contenente li rimedi più usati d'oggidì*, Venezia, Dalle stampe di Antonio Graziosi, 1775¹⁰.

Carlevarijs, Luca, *Le Fabriche et Vedute di Venetia disegnate, poste in prospettiva et intagliate*, Venezia, G. B. Finazzi, 1703.

Casanova, Giacomo, *Istorie delle turbulenze della Polonia*, in Elena Bassi, *I palazzi di Venezia: Admiranda urbis Venetae*, Venezia, Stamperia di Venezia, 1976.

Casanova de Seingalt, Jacques, *Histoire de ma vie*, Wiesbaden, F. A. Brockhaus, Paris, Librairie Plon. 1960–1962, 12 vol. (Giacomo Casanova, Geschichte meines Lebens, 12 Bde. [Bibl. d. 18. Jhdts.], München, Beck, 1984).

Casola, Pietro, *Canon Pietro Casola's Pilgrimage to Jerusalem in the Year 1494*, trad. M. M. Newett, Manchester (England), University Press, 1907.

Cassini, Giocondo, *Piante et vedute prospettiche di Venezia (1479–1855)*, Venezia, Stamperia de Venezia, 1982.

Cecchetti, Bartolomeo, *Del giardino dei signori Borghi* Venezia, Naratovich, 1888.

Cessi, Roberto, *Le origini del ducato veneziano*, Napoli, Morano, 1951.

Cessi, Roberto, *Un millennio di storia veneziana*, Venezia, G. Poli, 1964.

Chevalier, Jean; Gheerbrant, Alain, *Dictionnaire des symboles*, Paris, R. Laffont, 1969.

Cicogna, Emanuele Antonio, *Delle inscrizioni veneziane raccolte e illustrate da…*, Venezia, G. Orlandelli, 1824–1853, 7 vol.

Clarici, Paolo Bartolomeo, *Istoria e coltura delle piante… con un copioso Trattato degli agrumi*, Venezia, presso Andrea Poletti, 1728.

Codex Publicorum. Codice del Piovego, a cura di Bianca Lanfranchi Strina, Venezia, Deputazione di storia patria per le Venezie, Comitato per la pubblicazione delle fonti relative alla storia di Venezia, 1985, vol. I.

Cole, Toby, editor, *Venice: a Portable Reader*, Westport, L. Hill, 1979.

Collier, Peter, *Mosaici proustiani: Venezia nelle »'Ricerche«, Bologna, Il Mulino, 1986.

Colonna, Francesco, *Hypnerotomachia Poliphili*, a cura di G. Pozzi e L. A. Ciapponi, Padova, Antenore, 1980, 2 vol.

Colonna, Francesco, *Hypnerotomachia Poliphili, ubi hu / mana omnia non nisisomnium / esse docet. Atque obiter / plurima scitu sane / quam digna con / memorat*, Farnborough, Hants, Greg Int., 1969.

Combati, Bernardo; Combati, Gaetano; Berlan, Francesco, *Nuova planimetria della città di Venezia divisa in venti tavole* Venezia, P. Naratovich, 1846.

Comines, Philippe de, *Les memoires*, a cura di M. C. Daviso di Charvesod, Torino, Einaudi, 1960.

Comune di Venezia, Assessorato alla cultura e belle arti, *Venezia e la peste: 1348/1797*, Venezia, Marsilio, 1979.

Cornaro, Alvise, *Progetto di teatro… (1560)*, in Nicola Mangini, *I teatri di Venezia*, Milano, Mursia, 1974.

Corner, Flaminio, *Notizie storiche delle chiese e monasteri di Venezia e di Torcello*, Padova, Stamperia del Seminario appresso G. Manfré, 1758.

Crivellari, Domenico, *Venezia*, Milano, Electa, 1982 (Venedig. Geschichte, Kunst und Kultur der Lagunenstadt, München, Callwey, 1982).

Damerini, Gino, »Un teatro per la ›Talanta‹ dell'Aretino«, in *Il dramma*, n. 306 (1962).

Damerini, Gino, *D'Annunzio a Venezia*, Verona, Mondadori, 1943.

Damerini, Gino, *Giardini di Venezia*, Bologna, Zanichelli, 1931.

Damerini, Gino, *Giardini sulla laguna*, Bologna, 1927.

Damerini, Gino, *La Ca' Grande dei Cappello e dei Malipiero di S. Samuele ora Barnabò*, Venezia, Edizioni del Grifone, 1962.

Da Mosto, Andrea, *I dogi di Venezia nella vita pubblica e privata*, Firenze, A. Martello, 1966.

D'Annunzio, Gabriele, *Altri taccuini*, a cura di Enrica Bianchetti, Verona, Mondadori, 1976.

D'Annunzio, Gabriele, *Il fuoco*, Milano, Fr.lli Treves, 1913 (Das Feuer, München, Matthes + Seitz, 1988).

D'Annunzio, Gabriele, *La Leda senza cigno: racconto seguito da una »Licenza«*, Milano, Mondadori, 1976.

D'Annunzio, Gabriele, *Notturno*, Milano, Mondadori, 1983

D'Annunzio, Gabriele, *Taccuini*, a cura di Enrica Bianchetti e Roberto Forcella, Verona, Mondadori, 1965.

Davis, James C., *The Decline of the Venetian Nobility as a Ruling Class*, Baltimora, J. Hopkins,

Detienne, Marcel, *I giardini di Adone*, Torino, G. Einaudi, 1975.

De Visiani, Roberto, *Delle benemerenze de' Veneti nella botanica: discorso letto nella Sala de' Pregadi del Palazzo Ducale di Venezia nel dì' 30 maggio 1854*, Venezia, Cecchini, 1854.

De Visiani, Roberto, *Delle origini ed anzianità dell'Orto botanico di Padova*, Venezia, Merlo, 1839.

Dietro i palazzi: tre secoli di architettura minore a Venezia (1492–1803), a cura di Giorgio Gianighian, Paola Pavanini, Venezia, Arsenale Editrice, 1984.

The Eastern Carpet in the Western World from the 15th to the 17th Century: Hayward Gallery, London, 20 may – 10 july 1983, a cura di Donald King e David Sylvester, London, Art Council of Great Britain, 1983.

Eden, F., *A Garden in Venice*, London, Contry Life & George Newnes, 1903.

Fariello, Francesco, *Architettura dei giardini*, Roma, Edizioni dell'Ateneo, Scipioni, 1985.

Fenaroli, Luigi; Gambi, Germano, *Alberi: dendroflora italica*, Trento, Museo Tridentino di scienze naturali, 1976.

FILARETE, *pseud.* [Antonio Averlino], *Treatise on 'Architecture*, trad. J. Spencer, New Haven, Yale University Press, 1965, 2 vol.

FONTANA, GIAN JACOPO, *I principali palazzi di Venezia*, Venezia, Scarbellin, s.d.

FOSCARI, ANTONIO; TAFURI, MANFREDO, *L'amoniae e i conflitti: la chiesa di San Francesco della Vigna nella Venezia del '500*, Torino, G. Einaudi, 1983.

FRANCO, NICOLO', *La Philena*, in Pompeo Molmenti, *La storia di Venezia nella vita privata dalle origini alla caduta della Repubblica*, Bergamo, Istituto italiano d'arti grafiche, 1922–1927[6], 3 vol.

GARDNI, DANTE LUIGI, *L'Opera Pia Zuane Contarini (1380–1980): sei secoli al servizio del prossimo*, Venezia, La Tipografica, 1980.

GASPARETTO, ASTONE, *Il vetro di Murano dalle origini a oggi*, Venezia, N. Pozza, 1958.

GASPERONI, DOMENICO, »Artiglieria veneta dedicata al ser.mo principe Paolo Renier«, Venezia, Biblioteca del Museo Correr, 1779 (ms. cod. Cicogna, n. 3701, 3708).

GERA, FRANCESCO, *I principali giardini di Venezia*, Venezia, Antonelli, 1847.

Il giardino d'Europa: Pratolino come modello nella cultura europea, catalogo a cura di Alessandro Vezzosi, Milano, Mazzotta, 1986.

Il giardino romantico e Jappelli: Padova, Sala della Gran Guardia, 5–27 novembre 1983, a cura di Paola Bussadori e Renato Roverato, Padova, Antoniano, 1983, catalogo della mostra.

GOLDONI, CARLO, *Memorie: scritte dal medesimo per l'istoria della sua vita e del suo teatro*, Milano, Sonzogno, 1915 (Geschichte meines Lebens und meines Theaters, München, Piper. 1988).

GRADENIGO, PIETRO, »Commemoriali«, Venezia, Biblioteca del Museo Correr, [1702?] (ms. Gradenigo Dolfin, n. 200), vol. 8.

GRAMIGNA, SILVIA; PERISSA, ANNALISA, *Scuole di arti, mestieri e devozione a Venezia*, Venezia, Arsenale, 1981.

GUSSOW, ALAN, »Images from my Garden«, in *Country Journal*, (maggio 1983).

HOFMANNSTHAL, HUGO VON, *Andrea o i ricongiunti*, Milano, Adelphi, 1984[5] (Ges.Werke in Einzelbänden: Die Erzählungen, Frankfurt/M., Fischer, 1968).

HOUSSAYE, ARSÈNE, *Voyages humoristiques: Amsterdam, Paris, Venise*, Parigi, L. Hachette, 1856.

HOWELLS, W. D., *Venetian Life*, Leipzig, Tauchnitz, 1931[2] (Leben in Venedig. Berlin, Rütten + Loening, 1987).

HUNT, JOHN DIXON, »L'idea di un giardino nel bel mezzo del mare«, in *Rassegna*, vol. 3, n. 8 (ott. 1981).

HUNT, JOHN DIXON, *Garden and Grove: the Italian Renaissance Garden in the English Imagination (1600–1750)*, London, Melbourne, J. M. Dent & Sons, 1986.

Interpretazioni veneziane: studi di storia dell'arte in onore di Michelangelo Muraro, a cura di David Rosand, Venezia, Arsenale Editrice, 1984.

L'Italie septentrionale vue par les grands écrivains et les voyageurs célèbres: le Piémont, Milan, Venise, Florence, l'Ombrie, Parigi, Mercure de France, 1913.

IVANOVICH, CRISTOFORO, *Minerva al tavolino*, Venezia, N. Pezzana, 1681.

JAMES, HENRY, *The Aspern Papers and The Turn of the Screw*, Harmondsworth (Great Britain), Penguin Books, 1984.

JAMES, HENRY, *Italian Hours*, New York, Grove Press, 1959.

JASSEO, NICANDRO, pseud. [Azevedo], *Venetae Urbae descriptio*, Venezia, Tipografia ex Zattiano, 1780.

KIRCHER, ATHANASIUS, *Athanasii Kircheri e Soc. Jesu Turris Babel, sive Archontologia qua primo Priscorum post diluvium hominum vita, mores rerumque gestarum magnitudo, secundo Turris fabrica civitatumque extructio, confusio linguarum...*, Asmtelodami, ex officina Janssonio-Waebergiana, 1679.

LA BIENNALE, *I teatri pubblici di Venezia* (secoli XVII–XVIII) a cura di Ludovico Zorzi, Maria Teresa Muraro, Gianfranco Prato, Elvi Zorzi, catalogo della mostra, Venezia, La Biennale, XXX Festival internazionale del teatro di prosa, 1971.

LANE, FREDERIC C., *Storia di Venezia*, Torino, G. Einaudi, 1978.

La letteratura e i giardini: atti del convegno internazionale di studi di Verona, Garda, 2–5 ottobre 1985, Firenze, Leo S. Olschki, 1987.

LEVI D'ANCONA, MIRELLA, *The Garden of the Renaissance: Botanical Symbolism in Italian, Painting*, Firenze, Leo S. Olschki, 1977.

LEWIS, C. S., *The Allegory of Love: a Study in Medieval Tradition*, London, Oxford, New York, 1972.

LINKS, J. G., *Venice for Pleasure*, London, the Bodley Head, 1966.

LONGHI, ROBERTO, *Viatico per cinque secoli di pittura veneziana*, Firenze, Sansoni, 1952.

LORENZETTI, GIULIO, *Venezia e il suo estuario: guida storico-artistica*, Roma, Istituto poligrafico dello stato, Libreria dello stato, 1956[2].

LOVELL, MARGARETTA M., editor, *Venice: the American View 1860–1920*, San Francisco, The Fine Arts Museums, 1984, catalogo della mostra.

LOVISA, DOMENICO, *Il Gran Teatro di Venezia, ovvero Raccolta delle principali vedute e pitture che in essa si contengono*, Venezia, 1720.

LUCAS, E. V., *A Wanderer in Venice*, New York, Mac Millan, 1914.

LURÇAT, JEAN, *Le bestiaire de la tapisserie du Moyen Age*, Ginevra, Paris, Cailler, 1947.

MADER, GÜNTER; NEUBERT-MADER, LEILA G., *Giardini all'italiana*, Milano, Rizzoli, 1987 (Italienische Gärten, Stuttgart, Dt. Verlags Anstalt, 1987).

MANGINI, NICOLA, *I teatri di Venezia*, Milano, Mursia, 1974.

MANIGLIO CALCAGNO, A., *Architettura del paesaggio*, Bologna, 1983.

MANN, THOMAS, *La morte a Venezia*, Torino, G. Einaudi, 1969[6] (Der Tod in Venedig, Stuttgart, Fischer, 1987).

MARCELLO, ALESSANDRO, *Divagazioni botaniche: la flora di Venezia;* estr. da *Ateneo Veneto*, a. CXLIII, vol. 136, n. 1 (gen.-giu. 1952).

MARCELLO, ALESSANDRO, *La flora urbica di Venezia;* estr. da *Memorie di biogeografia adriatica*, Venezia, 1973–1974, vol. 9.

MARCELLO, ALESSANDRO, *Piante e bioclima a Venezia;* estr. da *Minerva medica*, a. XLIII, vol. 2, n. 79 (1 ott. 1952).

MARCELLO, ALESSANDRO, *Sulla vegetazione spontanea delle Venezie;* estr. da *Ateneo Veneto*, a. CXLVIII, vol. 141, n. 2 (lug.-dic. 1957).

MARCHIORI, GIUSEPPE; BERENGO GARDIN, GIANNI, *I Cadorin*, Firenze, Alinari, 1968.

MARETTO, PAOLO, *La casa veneziana nella storia della città dalle origini all'Ottocento*, Venezia, Marsilio, 1986.

Marsili, G., *Notizie inedite scritte da G. Marsili: dei patrizi veneti dotti nella cognizione delle piante e dei loro orti botanici*, Padova, 1840.

Masson, Giorgina, *Italian Gardens*, London, Antique Collectors Club, 1987.

Mattioli, P. A., *Discorsi nelli sei libri di Dioscoride*, Venezia, 1568.

McAndrew, John, *L'architettura veneziana del primo Rinascimento*, a cura di Robert Munman e Carolyn Kolb, Venezia, Marsilio, 1983.

McAndrew, John, *Venetian Architecture of the Early Renaissance*, Cambridge (Massachusetts), London, MIT, 1980.

McCarthy, Mary, *Venice observed*, New York, Harvest Book, Harcout, Brace & World, 1963 (Venedig, Köln, Kiepenh. u. Witsch, 1984).

Michiel, P. A., *I cinque libri di piante*, a cura di E. De Toni, Venezia, 1940.

Molmenti, Pompeo, »Le prime rappresentazioni teatrali a Venezia«, in *La rassegna nazionale*, vol. 150 (1906).

Molmenti, Pompeo, *La storia di Venezia nella vita privata dalle origini alla caduta della Repubblica*, Bergamo, Istituto italiano d'arti grafiche, 1922–1927[6], 3 vol.

Montaigne, Michel de, *Viaggio in Italia (1580–1581)*, trad. di Irene Riboli, Milano, Bompiani, 1942 (Tagebuch einer Reise durch Italien, Frankfurt/M., Insel, 1988).

Morato, Fulvia Pellegrino, *Del signi / ficato de colori / e de mazzoli / : operetta di…*, in Vinegia, per Francesco de Leno, nell'anno del Signore 1559.

Morris, James, *The Venetian Empire: a sea Voyage*, London, Boston, Faber and Faber. 1980.

Morris, James, *Venice*, Londra, Faber and Faber, 1960 (3mal Venedig, München, Piper, 1983).

Moschini, Giannantonio, *Ragguaglio delle cose notabili nella Chiesa e nel' Seminario Patriarcale di S. Maria della Salute in Venezia*, Venezia, Tipografia di Alvisopoli, 1819.

Mostra storica della laguna veneta: Venezia, Palazzo Grassi 11 luglio–27 settembre 1970, Venezia, Stamperia di Venezia, 1970.

Muraro, Michelangelo, *Civiltà delle ville venete*, Udine, Magnus, 1986 (Die Villen des Veneto, München, Hirmer, 1987).

Muraro, Michelangelo, *La vita nelle pietrre: sculture marciane e civiltà veneziana del Duecento*, Venezia, Arsenale Editrice, 1985.

Muraro, Michelangelo; Grabar, André, *Les trésors de Venise*, Genf, Skira, 1963 (Venedig und seine Kunstschätze, Stuttgart, Klett-Cotta, 1963).

Musatti, Eugenio, *La donna in Venezia*, Bologna, Forni, 1975.

Negri, Giovanni, *Erbario figurato: con speciale riguardo alle piante medicinali*, Milano, Hoepli, 1920.

Nissatti, G., pseud. [Giuseppe Tassini], *Aneddoti storici veneziani*, Venezia, Filippi, 1965[2].

Norwich, John Julius, *Venice: the Greatness and the Fall*, London, A. Lane, 1981 2 vol.

Padoan Urban, Lina, »Il carnevale veneziano«, in *Storia della cultura veneta dalla Controriforma alla fine della Repubblica*, tomo 1 *(Il Settecento)*, Venezia, N. Pozza, 1985, vol. 5.

Padoan Urban, Lina, »Le Compagnie della Calza: edonismo e cultura al servizio della politica«, in *Quaderni veneti*, n. 6 (1987).

Padoan Urban, Lina, »Feste ufficiali e trattament privati«, in *Storia della cultura veneta dalla Controriforma alla fine dalla*

Repubblica, vol. 4, tomo 1 *(Il Seicento)*, Venezia, N. Pozza, 1983.

Padoan Urban, Lina (a cura di), *Il carnevale veneziano nelle maschere incise da Francesco Bertelli*, Milano, Il Polifilo, 1986.

Padovan, Mario; Marcello, Alessandro, »I giardini di Venezia: aspetti urbanistici e botanici«, in *Atti dell'Istituto veneto di scienze, lettere ed arti: Classe di scienze matematiche e naturali*, vol. 132 (1973–1974).

Paganuzzi, Giovanni Battista, *Iconografia delle 30 parrocchie di Venezia*, Venezia, 1821.

Palladio, Andrea, *I quattro libri dell'architettura*, Venezia, Domenico de' Franceschi, 1570 (Die vier Bücher zur Architektur, Zürich, Artemis, 1988).

Paoletti, Ermolao, *Il fiore di Venezia*, Venezia, Tipografia Fontana, 1839.

Paoletti, P., *L'architettura e la scultura del Rinascimento in Venezia*, Venezia, 1893.

Passi, Marco Celio, *Il Gran Priorato di Lombardia e Venezia: del Souvrano Militare Ordine Ospedaliero di San Giovanni di Gerusalemme, di Rodi, di Malta*, Venezia, Gran Priorato, 1983.

Pauly, Charlotte Elfriede, *Der venezianische Lustgarten*, Straßburg, Heitz & Mündel, 1916.

Pavanello, Italo (a cura di), *I catasti storici di Venezia 1808–1913*, Roma, Officina, 1981.

Perocco, Guido; Salvadori, Antonio, *Civiltà di Venezia*, Venezia, Stamperia di Venezia, 1973 3 vol.

Persio, A., *Trattato dei portamenti della Signoria di Venetia verso la Santa Chiesa (1607)*, in Nicola Mangini, *I teatri di Venezia*, Milano, Mursia, 1974.

Piamonte, Giannina, *Venezia vista dall'acqua: guida dei rii di Venezia e delle isole*, Venezia, Stamperia di Venezia, 1966.

Piguet, Philippe, *Monet et Venise*, Paris, Herscher, 1986.

Praz, Mario, *Il giardino dei sensi: studi sul manierismo e il barocco*, Milano, Mondadori, 1975 (Der Garten der Sinne, Frankfurt/M., Fischer, 1988).

Prest, J., *The Garden of Eden: the Botanic Garden and the Recreation of Paradise*, New Haven, London, 1981.

Proust, Marcel, *Alla ricerca del tempo perduto*, a cura di Franco Fortini, vol. 6 *(La fuggitiva)*, Torino, G. Einaudi, 1965 (Auf der Suche nach der verlorenen Zeit, Frankfurt/M., Suhrkamp, 1984).

Puppi Lionello (a cura di), *Palladio a Venezia*, Firenze, Sansoni, 1982.

Puppi, Lionello, »I giardini veneziani del Rinascimento«, in *Il veltro*, vol. 22, n. 3–4 (1978).

Puppi, Lionello, »Venezia come Gerusalemme nella cultura figurativa del Rinascimento«, in *La città italiana del Rinascimento fra utopia e realtà*, a cura di August Buck e Bodo Guthmiller, Venezia, Centro tedesco di studi veneziani, 1984 (Quaderni, n. 27).

Quadri, Antonio, *Huit jours à Venise*, Venezia, A. Bazzarini, 1838[6].

Quadri, Antonio, *Il Canal Grande di Venezia*, Venezia, 1838.

Regnier, Henri de, *Esquisses vénitiennes*, Paris, Collection de l'Art décoratif, 1906 (In Venedig leben, München, List, 1988).

Renier Michiel, Giustina, *Origine delle feste veneziane*, Torino, presso la vedova Ghiringhelli e i fratelli Reycend, 1830, 6 vol.

Ridolfi, C., *Le meraviglie dell'arte ovvero le vite degli illustri pittori veneti e dello Stato*, a cura di Detlev von Hadeln, Berlin, 1914–1921, 2 vol.

Rizzi, Alberto, *Scultura esterna a Venezia: corpus delle sculture erratiche all'aperto di Venezia e della sua laguna*, Venezia, Stamperia di Venezia, 1987.

Rizzi, Alberto, *Vere da pozzo di Venezia: i puteali pubblici di Venezia e della sua laguna*, Venezia, Stamperia di Venezia, 1981.

Rizzi, Aldo, *Luca Carlevarijs*, Venezia, Alfieri, 1967.

Romanelli, Giandomenico, *Venezia Ottocento: Materiali per una storia architettonica e urbanistica della città nel secolo XIX*, Roma, Officina, 1977.

Ross, James Bruce, *Gasparo Contarini and His Friends*, in *Studies in the Renaissance*, 1970, vol. 17.

Ruskin, John, *Ruskin Today*, a cura di Kenneth Clark, Harmondsworth (England), Penguin Books, 1982.

Ruskin, JIohn, *The Stones of Venice*, a cura di Jan Morris, Boston, Toronto, Little, Brown and Comp., 1981.

Sabellico, Marc'Antonio, *Del sito di Venezia città* (1502), a cura di G. Meneghetti, Venezia, Stamperia già Zanetti, 1957.

Saccardo, P. A., »Della prima istituzione degli orti botanici e delle cattedre dei semplici in Italia«, in *Nuovo giornale botanico italiano*, vol. 23 (1891).

Saint Didier, Linajon de, *La ville et la Republique de Venise*, Paris, 1680.

Sansovino, Francesco, *Venetia città nobilissima et singolare*, con le aggiunte di Giustiniano Martinoni, Venezia, Stefano Curti, 1663.

Sanudo, Marin (il Giovane), *De origine, situ et magistratibus urbis Venetae, ovvero La città di Venezia (1493–1530)*, a cura di Angela Caracciolo Aricò, Milano, Istituto editoriale cisalpino-goliardica, 1980.

Scattolin, Giorgia, *Le case-fondaco sul Canal Grande*, Venezia, G. Scattolin, 1961.

Schulz, Juergen, *The Printed Plans and Panoramic Views of Venice (1486–1797)*, Firenze, Leo S. Olschki, 1970.

Schwarz, Angelo (a cura di), *Per una storia della farmacia e del farmacista in Italia: Venezia e Veneto*, Bologna, Skema, 1981.

Scoto, Francesco, *Itinerario / overo / nova descrittione / di viaggi principali / d'Italia / di Francesco Scoto / aggiontavi in quest'ultima impressione / les descrittioni / di Udine...*, in Venetia, presso Gio' Pietro Brigonci, 1665.

Selincourt, Beryl de; Henderson, May Stinge, *Venice*, New York, Dodd, Mead, 1907.

Selvatico, Pietro, *Lettere alla Sig.ra M.B.B.*, Padova, Bettoni, 1815.

Selvatico, Pietro, *Sulla architettura e sulla scultura in Venezia dal Medioevo sino ai nostri giorni: studi di P. Selvatico per servire di guida estetica*, Venezia, P. Ripamonti Carpano, 1847.

Shaw-Kennedy, Ronald, *Venice Rediscovered*, Philadelphia, Art Alliance Press, 1978.

Symonds, John Addington, *New Italian Scketches*, Leipzig, Tauchnitz, 1984.

Symons, A. J. A., *The Quest for Corvo*, London, The Folio Society, 1952.

Tafuri, Manfredo, *Venezia e il Rinascimento: religione, scienza, architettura*, Torino, G. Einaudi, 1985.

Tamassia Mazzarotto, Bianca, *Le feste veneziane: i giochi popolari, le cerimonie religiose e di governo illustrate da Gabriel Bella*, Firenze, Sansoni, 1980².

Tassinari, Giuseppe, *Manuale dell'agronomo*, a cura di Boris Carlo Fischetti, Roma, R.E.D.A., 1976⁵.

Tassini, Giuseppe, *Cenni storici, dal secolo decimoquarto alla caduta della Repubblica*, Venezia, Filippi, 1968.

Tassini, Giuseppe, *Curiosità veneziane, ovvero Origini delle denominazioni stradali*, a cura di Lino Moretti, Venezia, Filippi, 1964.

Tassini, Giuseppe, *Edifici di Venezia distriutti o volti ad altro uso da quello a cui furono in origine destinati*, Venezia, Filippi, 1969.

Tassini, Giuseppe, *Feste, spettacoli, divertimenti e piaceri degli antichi veneziani*, Venezia, Filippi, 1961.

Temanza, Tommaso, *Vite di più celebri architetti e scultori veneziani che fiorirono nel secolo decimosesto*, Venezia, Stamperia C. Polese, 1778.

Temanza, Tommaso, *Zibaldone (1738–1778)*, a cura di Nicola Ivanoff, Venezia, Roma, Istituto per la collaborazione culturale, 1963.

Thacker, Christopher, *The History of Gardens*, London, Croom Helm, 1979.

Trincanato, Egle Renata, *Venezia minore*, con un capitolo di Agnoldomenico Pica, Venezia, Filippi, 1948.

Twain Mark, *Innocents Abroad, or The New Pilgrim's Progress*, New York, G. Wells, 1922, 2 vol. (Die Arglosen im Ausland, München, Hanser, 1985).

Umanesimo europeo e Umanesimo veneziano, a cura di Vittore Branca, Firenze, Sansoni, 1963.

Vasari, Giorgio, *Le vite de' più eccellenti pittori, scultori e architettori*, Firenze, A. Salani, 1927–1932, 7 vol. (Lebensläufe der berühmtesten Maler, Bildhauer und Architekten, Zürich, Manesse, 1985).

Vasari, Giorgio, *Opere*, a cura di G. Milanesi, Firenze, Sansoni, 1881.

Vaudoyer, Jean-Louis, *Les délices de l'Italie*, Paris, Plon-Nourrit, 1924⁹.

Vecellio, Tiziano, *Le lettere*, Magnifica Comunità di Cadore, 1977.

Venezia: forma urbis: il fotopiano a colori del centro storico in scala 1:500, Venezia, Comune di Venezia, Marsilio, 1985.

Venezia e Bisanzio: Venezia, Palazzo Ducale, 8 giugno – 30 settembre 1974, catalogo della mostra, Milano, Electa, 1974.

Venezia e l'Oriente tra tardo Medioevo e Rinascimento, a cura di Agostino Pertusi, Firenze, Sansoni, 1966.

Venezia e lo spazio scenico: Venezia, Palazzo Grassi, 6 ottobre –4 novembre 1979, Venezia, La Biennale di Venezia, 1979.

Venezia nell'Ottocento: immagini e mito, a cura di Giuseppe Pavanello, Giandomenico Romanelli, Milano, Electa, 1983, catalogo della mostra.

Venezia nelle letterature moderne: atti del primo congresso dell'associazione internazionale di letteratura comparata: Venezia, 25–30 settembre 1955, a cura di Carlo Pellegrini, Venezia, Roma, Istituto per la collaborazione culturale, 1971.

Venezia piante e vedute: catalogo del Fondo cartografico a stampa: Museo Correr, Venezia aprile 1982, a cura di Giandomenico Romanelli, Susanna Biadene, Venezia, Comune di Venezia, Museo Correr, 1982, suppl. al *Bollettino dei Musei civici veneziani*, 1982.

Le Venezie possibili: da Palladio a Le Corbusier: Venezia, Ala Napoleonica, Museo Correr, maggio–luglio 1985, a cura di Lionello Puppi e Giandomenico Romanelli, Milano, Electa, 1985.

Venise au temps des galéres, Paris, Hachette, 1968.

Venturi, Lionello, *La Compagnia della Calza (sec. XV–XVI)*, Venezia, Filippi, 1983.

Vercelloni, Matteo, *Il paradiso terrestre: viaggio tra i manufatti del giardino dell'uomo*, Milano, Jaca Book, 1986.

Viaggiatori stranieri a Venezia: quaderno guida della mostra commemorativa per il decimo anniversario della donazione di Angiolo Tursi alla Biblioteca Nazionale Marciana di Venezia, Moncalieri, Centro interuniversitario di ricerche sul viaggio in Italia, 1979, suppl. al *Bollettino del C.I.R.V.I.*, n. 1.

Vianello, Riccardo (a cura di), *Una gemma di Venezia: la Giudecca*, Venezia, Tipografia Veneta, 1966.

Visceglia, Enzo, *Guida toponomastica di Venezia, Lido, Murano*, Roma, Istituto geografico Visceglia, [1970].

Vivian, Frances, *Il console Smith: mercante e collezionista* Venezia, N. Pozza, 1971.

Voltolina, Gino, *Le antiche vere da pozzo veneziane*, Venezia, Fantoni libri d'arte, 1981.

Whittick, Arnold, editor, *Ruskin's Venice*, London, G. Godwin, 1976.

Wilson, Edward D., »The Right Place«, in *Biophilia*, Harvard University Press, 1984.

Yams, E., *A History of Gardens and Gardering*, London, Thacker-Crom Helm, 1971.

Zanotto, Francesco, *Nuovissima guida di Venezia e delle isola della sua laguna*, Venezia, G. Brizeghel, 1865.

Zanotto, Francesco, *Venezia e le sue lagune*, Venezia, 1847.

Zendrini, B., *Memorie storiche dello stato antico e moderno delle lagune di Venezia e di que' fiumi che restarono divertiti per la conservazione delle medesime*, Padova, 1811.

Zorzi, Alvise, *Venezia scomparsa*, Milano, Electa, 1984[2].

Zucchetta, Gianpietro, *I rii di Venezia: la storia degli ultimi tre secoli*, Venezia, Helvetia, Foligraf, 1985.

Kunst und Architektur

im Eugen Diederichs Verlag

Henri und Anne Stierlin

Alhambra

Aus dem Französischen von Ingrid Hacker-Klier
220 Seiten mit über 200 Farb- und s/w-Abbildungen
Leinen im Schuber

*Gleich, ob man Henri Stierlins weitgespannter, leidenschaftlich
insistierender Argumentation folgt, oder aber sich ganz der außerordentlichen Suggestionskraft von Anne Stierlins Photographien über-
läßt – schöner, betörender, ja bezwingender läßt sich eine Huldigung
islamischer Baukunst eigentlich nicht denken.*

SÜDDEUTSCHE ZEITUNG

Eugen Diederichs Verlag

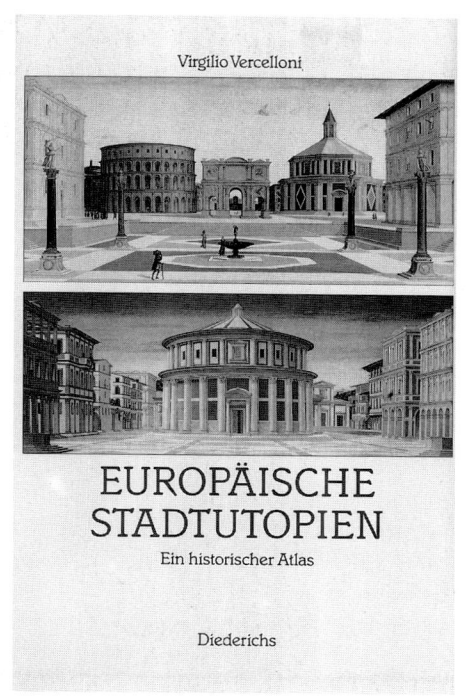

Virgilio Vercelloni
Europäische Stadtutopien
Ein historischer Atlas
Aus dem Italienischen von Heli Tortora
208 Seiten mit 96 Farb- und 112 s/w-Abbildungen
Leinen im Schuber

Die Geschichte der europäischen Stadtutopien in Bildern: vom Modell
der griechischen Polis über die Idealstädte der Renaissance bis zu den
urbanistischen Entwürfen der Postmoderne.

*… ein großes, vor allem ein ungemein schönes Buch, jedes Bild darin
eine Adresse an die Wißbegier.*

DIE ZEIT

Eugen Diederichs Verlag